Collins

AQA GCSE 9-1
German

Workbook

with audio download

Amy Bates, Oliver Gray
and Keely Laycock

Revision Tips

Rethink Revision

Have you ever taken part in a quiz and thought '*I know this!*' but, despite frantically racking your brain, you just couldn't come up with the answer?

It's very frustrating when this happens but, in a fun situation, it doesn't really matter. However, in your GCSE exams, it will be essential that you can recall the relevant information quickly when you need to.

Most students think that revision is about making sure you **know** stuff. Of course, this is important, but it is also about becoming confident that you can **retain** that *stuff* over time and **recall** it quickly when needed.

Revision That Really Works

Experts have discovered that there are two techniques that help with all of these things and consistently produce better results in exams compared to other revision techniques.

Applying these techniques to your GCSE revision will ensure you get better results in your exams and will have all the relevant knowledge at your fingertips when you start studying for further qualifications, like AS and A Levels, or begin work.

It really isn't rocket science either – you simply need to:

- **test yourself** on each topic as many times as possible
- **leave a gap** between the test sessions.

Three Essential Revision Tips

1. **Use Your Time Wisely**

   - Allow yourself plenty of time.
   - Try to start revising at least six months before your exams – it's more effective and less stressful.
   - Your revision time is precious so use it wisely – using the techniques described on this page will ensure you revise effectively and efficiently and get the best results.
   - Don't waste time re-reading the same information over and over again – it's time-consuming and not effective!

2. **Make a Plan**

   - Identify all the topics you need to revise.
   - Plan at least five sessions for each topic.
   - One hour should be ample time to test yourself on the key ideas for a topic.
   - Spread out the practice sessions for each topic – the optimum time to leave between each session is about one month but, if this isn't possible, just make the gaps as big as realistically possible.

3. **Test Yourself**

   - Methods for testing yourself include: quizzes, practice questions, flashcards, past papers, explaining a topic to someone else, etc.
   - Don't worry if you get an answer wrong – provided you check what the correct answer is, you are more likely to get the same or similar questions right in future!

Visit our website for more information about the benefits of these techniques and for further guidance on how to plan ahead and make them work for you.

www.collins.co.uk/collinsGCSErevision

Contents

Visit our website at **www.collins.co.uk/collinsgcserevision** to download the audio material for the Listening Paper on pages 36–47 of this workbook.

Me, My Family and Friends

My Family, My Friends & Marriage and Partnerships

1 **Wähle die richtige Antwort aus dem Kästchen.** Choose the correct answer to each question from the box.

mein Onkel	mein Opa	meine Oma	meine Tante	meine Nichte	
mein Stiefbruder	meine Kusine	mein Schwager	meine Stiefmutter	mein Cousin	

Wer ist ...

a) der Vater von deiner Mutter? _____

b) der Bruder von deinem Vater? _____

c) die Tochter von deinem Bruder? _____

d) der Mann von deiner Schwester? _____

e) die Schwester von deinem Vater? _____

f) die zweite Frau von deinem Vater? _____

g) der Sohn von deinem Onkel? _____

h) die Tochter von deiner Tante? _____ [8 marks]

2 **Füll die Lücken mit Adjektiven aus dem Kästchen.** Complete the sentences with adjectives from the box.

	peinlich	fleißig	ruhig	nervig	faul	streng
stur	frech	großzügig	intelligent	sympathisch	ruhig	

a) **Er ist immer** _____ (quiet) **und** _____ (hard-working).

b) **Sie ist oft** _____ (lazy) **und** _____ (stubborn).

c) **Er ist nie** _____ (cheeky) **oder** _____ (irritating).

d) **Sie ist nie** _____ (generous) **oder** _____ (kind). [8 marks]

3 **Kopiere und vervollständige die Sätze über deine Familie.** Copy and complete these sentences about your family.

a) **Ich verstehe mich gut mit** _____ **, weil er / sie** _____ **ist.**

b) **Ich verstehe mich nicht gut mit** _____ **, weil er / sie** _____ **ist.**

c) **Ich streite mich oft mit** _____ **, weil er / sie** _____ **ist.**

[6 marks: 1 mark for each appropriate answer and 1 mark for correct use of each dative form]

4 **Verbinde die Satzteile.** Connect the two halves of the sentences.

Meine beste Freundin ist schlank und...	die gleichen Fernsehsendungen.
Sie hat blaue Augen und...	neidisch oder schlecht gelaunt.
Wir kennen uns...	blonde Haare.
Sie ist immer treu und nie...	etwas kleiner als ich.
Wir haben viel....	am Wochenende.
Wir mögen...	Humor.
Wir haben auch den gleichen...	seit fünf Jahren.
Wir treffen uns immer...	gemeinsam.

[8 marks]

5 **Beschreib deinen besten Freund / deine beste Freundin. So detailliert wie möglich bitte!** Write a description of your best friend. Include as many details as possible.

....

....

....

[10 marks]

6 **Vervollständige die Sätze mit Wörtern aus dem Kästchen. Übersetze die Sätze ins Englische.** Complete the sentences using words from the box. Then translate the sentences into English.

verlobt   Zusammenleben   endet   bleiben
beginnt   verstehen   heiraten   verletzt

a) Ich möchte lieber ledig ....

b) Ich möchte eines Tages ....

c) Eine Ehe .... oft mit Scheidung.

d) Eine Ehe ist sicherer als ....

e) Meine Eltern sind geschieden aber sie .... sich gut.

f) Meine Freundin hat sich .... Sie heiratet bald.

[12 marks: 1 mark for each completed sentence and 1 mark for each translation]

Technology in Everyday Life

Social Media & Mobile Technology

1 **Vervollständige die Sätze mit Verben aus dem Kästchen.** Complete the sentences with verbs from the box.

| hilft | besuche | lade… | herunter | schicken | empfangen | bleibt | verbringe |

a) Ich _____ viel Zeit online. (I spend a lot of time online.)

b) Ich _____ täglich meine Lieblingswebseiten. (I go on to my favourite websites every day.)

c) Wir _____ und _____ E-Mails. (We send and I receive emails.)

d) Paula _____ mit ihren Freunden in Kontakt. (Paula stays in touch with her friends.)

e) Ich _____ Musik _____. (I download music.)

f) Das Internet _____ mit meinen Hausaufgaben. (The internet helps with my homework.)

[8 marks: 1 mark for each gap filled]

2 **Scheib fünf Sätze über deine Online-Aktivitäten. Beginn die Sätze mit den folgenden Ausdrücken. Wichtig: Das Verb muss immer in der zweiten Position sein.** Write five sentences about your online activities, starting the sentences with the expressions below. Important: The verb must always come second.

Beispiel: Jeden Tag besuche ich meine Lieblingswebseiten.

a) Jeden Tag _____.

b) Oft _____.

c) Manchmal _____.

d) Einmal pro Woche _____.

e) Ab und zu _____.

[5 marks]

3 **Übersetze diese Sätze über Online-Sicherheit ins Deutsche.** Translate these sentences about online safety into German.

a) You must change your password regularly. _____

b) You mustn't give away your password. _____

c) You must be careful. _____

d) You mustn't converse with strangers. _____

e) You must install an anti-virus program. _____

[10 marks: 2 marks per sentence]

4 **Lies die Meinungen über Mobiltechnologie und beantworte die Fragen.** Read the opinions about mobile technology and answer the questions.

Peer   **Man kann online einkaufen. Das finde ich praktisch.**

Mia   **Ich rufe gern meine Freunde an, aber manchmal gibt es keinen Empfang.**

Sofia   **Die Technologie ändert sich zu schnell und es ist teuer, immer die aktuelle Version zu haben.**

Jonas   **Ich benutze mein Handy, um mich mit meinen Freunden zu verabreden.**

Leon   **Mit meinem Handy kann ich in Notfall Hilfe rufen.**

Charlotte **Viele Leute sind stundenlang an ihrem Handy. Das finde ich doof.**

Ben   **Ich lade Musik auf mein Handy herunter und höre sie im Bus oder im Zug.**

Lena   **Das Problem ist, dass man das Gerät immer wieder aufladen muss!**

a) Who likes downloading music on a phone?

b) Who thinks some people spend too much time on their phone?

c) Who finds a mobile phone useful in an emergency?

d) Who complains about having to charge a phone all the time?

e) Who finds a phone useful for shopping online?

f) Who uses their phone to arrange meet-ups with friends?

g) Who complains that they sometimes can't get a signal?

h) Who thinks it's expensive to upgrade to the latest model?

[8 marks]

5 **Übersetze diese Sätze ins Englische.** Translate these sentences into English.

a) **Ein Vorteil der Mobiltechnologie ist, dass man sich auf dem Laufenden halten kann.**

b) **Man kann sich informieren, aber die Technologie ändert sich sehr schnell.**

c) **Ich chatte mit meinen Freunden, weil ich ihre Meinungen interessant finde.**

d) **Gestern habe ich das Internet benutzt, um mir bei meinen Hausaufgaben zu helfen.**

[8 marks: 2 marks per sentence]

Free-time Activities

Music & Cinema and TV

1 **Verbinde die Fragen mit den Antworten.** Match the questions and answers.

Hörst du oft Musik?	Mein Lieblingssänger ist James Bay und meine Lieblingssängerin ist Paloma Faith.
Was für Musik hörst du am liebsten?	Er hat eine schöne Stimme und tolle Haare und sie schreibt tolle Lieder.
Hast du einen Lieblingssänger oder eine Lieblingssängerin?	Ich interessiere mich für klassische Musik, weil ich sie so beruhigend finde.
Warum magst du ihre Musik?	Ja, ich lade jeden Tag Musik auf mein Handy herunter.
Warst du schon mal auf einem Musikfestival?	Ja, letztes Jahr war ich auf dem Lorelei-Festival in Süddeutschland.

[5 marks]

2 **Übersetze die Antworten aus Übung 1 ins Englische.** Translate all the answers from activity 1 into English.

[5 marks]

3 **Schreib fünf Sätze über deinen Musikgeschmack. Benutze die Wörter im Kästchen und dein eigenes Vokabular, wenn du willst!** Write five sentences about your musical tastes using the words in the box. Use your own vocabulary if you want! Be careful – remember that **weil** sends the verb to the end.

Popmusik   klassische Musik   Techno   Hip-hop   Jazz Rapmusik   Rockmusik   sie gefällt mir   sie nervt mich   ich finde sie beruhigend sie macht mich glücklich   die Texte sind interessant

a) Ich höre gern _____, weil _____.

b) Ich höre lieber _____, weil _____.

c) Ich höre am liebsten _____, weil _____.

d) Ich höre nicht gern _____, weil _____.

e) Ich interessiere mich nicht für _____, weil _____.

[5 marks]

4 **Füll die Lücken mit Wörtern aus dem Kästchen.** Fill in the blanks with the words from the box.

Fan	Familie	aber	finde	langweilig	Jahr	obwohl	deutsche	
		Schwester		Rhythmus				

Meine Familie hört sehr gern Musik, _____ unser Geschmack ist unterschiedlich. Mein Vater war schon immer _____ von Bap. Das ist eine _____ Band aus Köln, aber ich _____ sie total altmodisch. Letztes _____ waren wir alle auf dem Big Gig Festival in Hamburg, aber ich habe Bap _____ gefunden und habe mit meiner _____ die Rapgruppen gehört. Wir haben den _____ viel besser gefunden. Wir sind keine musikalische _____. Meine Mutter spielt Klavier, _____ mein Vater sagt, dass sie furchtbar spielt!

[10 marks]

5 **Vervollständige die Sätze. Wähle Filme und Fernsehsendungen, die du magst und nicht magst und erkläre die Gründe mit 'weil' oder 'obwohl'. Wähle Wörter aus der Liste oder benutze deine eigenen Wörter.** Complete the sentences. Choose types of films and TV programmes you like and dislike and give reasons, using **weil** or **obwohl**. You can choose words from the list or provide your own.

> Seifenopern
> Spielshows
> Serien
> Reality-Sendungen
> Krimis
> Zeichentrickfilme
> Kriegsfilme
> Liebesgeschichten
> Fantasyfilme

weil / obwohl sie mich zum Lachen / Weinen bringen.
weil / obwohl sie mich ängstlich machen.
weil / obwohl sie langweilig / spannend / lustig / interessant sind.
weil / obwohl die Stars / die Spezialeffekte gut / schlecht sind.

a) Ich sehe lieber _____.
b) Manchmal sehe ich gern _____.
c) Ich sehe nie _____.
d) Meine Lieblingsfilme sind _____.
e) Meine Lieblingssendungen sind _____.

[10 marks: 2 marks for each sentence]

6 **Bring die Wörter in die richtige Reihenfolge. Dann übersetze die Sätze ins Englische.** Put the words in the right order to make sentences. Then translate the sentences into English.

a) muss / die / Man / langweilige / sehen / Werbung
b) teurer / immer / Karten / Die / werden
c) Spezialeffekte / Leinwand / großen / sind / Die / besser / auf / der

[6 marks: 1 mark for each correct order and 1 mark for each translation]

Free-time Activities

Food and Eating Out, Sport & Customs and Festivals

1 **Übersetze dieses Gespräch ins Deutsche.** Translate this conversation into German.

a) I'd like one kilo of carrots please. _____.

b) Of course. Here you are. _____.

c) Do you have Gouda cheese as well? _____.

d) Of course. How much would you like? _____.

e) Eight slices please. _____.

f) Anything else? _____.

g) No thanks. How much is that? _____.

h) That comes to two euros fifty. _____.

[16 marks: 2 marks for each sentence]

2 **Lies die Speisekarte und finde die deutschen Wörter.** Read the menu and find the German words.

> **Vorspeisen**
> **Kartoffelsuppe mit Brot**
> **Thunfischsalat**
> **Lachs mit Mayonnaise**
>
> **Hauptspeisen**
> **Hähnchen mit Pommes Frites**
> **Bockwurst mit Kartoffelsalat**
> **Schweinefleisch mit Nudeln**
>
> **Nachtische**
> **Erdbeertorte**
> **Vanilleeis mit Sahne**
> **Obstsalat**

a) vanilla ice cream

b) strawberry tart

c) tuna salad

d) boiled sausage

e) cream

f) salmon

g) pork

h) potato soup

i) fruit salad

j) chicken

[10 marks]

3 **Schreib zwei Sätze im Perfekt über ein Essen, das du in einem Restaurant gegessen hast.** Write two sentences about a recent meal out, using the perfect tense.

[4 marks: 2 marks for each sentence]

4 **Übersetze die Sätze ins Englische.** Translate the sentences into English.

a) **Als ich jung war, bin ich jeden Tag gewandert.**

b) **Als ich fünfzehn war, bin ich oft in die Eishalle gegangen.**

c) **Damals bin ich immer schwimmen gegangen, aber heutzutage bleibe ich lieber zu Hause.**

d) **Früher habe ich jeden Samstag Fußball gespielt, aber jetzt bin ich zu faul!**

e) **Ich will Wintersport ausprobieren, obwohl er gefährlich ist.**

[10 marks: 2 marks for each sentence]

5 **Übersetze die Sätze ins Deutsche.** Translate the sentences into German.

a) I play hockey at the sports centre.

b) I often used to go fishing.

c) Nowadays I like going skateboarding.

d) Before, I used to go skating at the weekend, but now I find team sports better.

e) We would like to try extreme sports.

[10 marks: 2 marks for each sentence]

6 **Schreib fünf Sätze mit Meinungen über Feste mit Wörtern aus dem Kästchen. Denk daran, dass das Verb als zweites im Satz kommt. Nach 'dass' wird das Verb ans Ende des Satzes gestellt.** Write five sentences giving your opinions on festivals and celebrations using the words in the box. Remember, the verb comes second in the sentence. After **dass**, the verb goes to the end.

der erste Weihnachtstag   der zweite Weihnachtstag   Ostern
Fasching   der Ramadan [usw.]   altmodisch   lustig
langweilig   wichtig   faszinierend   interessant [usw.]

a) **Ich finde / glaube, dass** _____.

b) **Für mich** _____.

c) **Für andere** _____.

d) **Meiner Meinung nach** _____.

e) **Viele Leute glauben, dass** _____.

[10 marks: 2 marks for each sentence]

Environment and Social Issues

At Home, Where I Live & Town or Country

1 **Wähle die richtige Antwort auf jede Frage.** Match the questions and answers.

Wohnst du in der Stadt oder auf dem Land?	Ich liebe es in der Stadt zu wohnen, aber ich möchte auf das Land ziehen.
Was gibt es in deiner Stadt?	Oben gibt es vier Zimmer: das Badezimmer, das Zimmer meiner Eltern, das Zimmer meines Bruders und mein Zimmer.
Wo möchtest du lieber wohnen?	Es gibt ein Einkaufszentrum und eine große Bücherei.
Wie ist das Leben auf dem Land?	Es gibt nichts für junge Leute. Wir brauchen ein Kino.
Wie viele Zimmer gibt es in deinem Haus?	Ich wohne in der Stadtmitte.
Was braucht deine Stadt?	Es ist zu ruhig und man muss mit dem Auto fahren um Freunde zu sehen.

[6 marks]

2 **Ergänze die Sätze mit den richtigen Wörtern aus dem Kästchen. Es gibt vier Wörter zu viel.**
Complete the sentences, using the correct words from the box. There are four words too many.

neben	großes	an	gibt	große	großen	putze	in	mache	es

a) Ich wohne in einem _____ Haus.

b) Es _____ acht Zimmer.

c) Das Wohnzimmer ist _____ der Küche.

d) In meinem Zimmer habe ich eine _____ Kommode.

e) Ich _____ mein Zimmer jede Woche.

f) Es gibt Bilder _____ der Wand.

[6 marks]

3 **Schreib fünf Sätze, über was du im Stadtzentrum gemacht hast. Benutze die Verben unten.**
Write five sentences about what you did in town. Use the verbs below.

Beispiel: Ich bin mit meiner Freundin ins Kino gegangen.

essen	gehen	kaufen	verlieren	treffen

_____

_____

_____

_____

_____

[10 marks: 5 marks for conjugated verbs and 5 marks for full correct sentences]

4 **Lies die Meinungen über das Leben in der Stadt und beantworte die Fragen.** Read the opinions about life in the city and answer the questions.

Silke **Wo ich wohne, gibt es viel Verkehr – schrecklich!**

Johannes **Ich möchte in der Stadt wohnen, da es mehr zu tun gibt als auf dem Lande.**

Brigitte **Die Stadt ist sehr laut und die Straßen sind schmutzig. Nein danke!**

Hans **Man kann sehr viel sehen und machen.**

Katja **Wir brauchen dringend ein Einkaufszentrum.**

Boris **Ich wohne gern in der Stadt, weil die öffentlichen Verkehrsmittel hier gut sind.**

a) Who points out something that their town needs? ....

b) Who is happy with the range of things to see and do? ....

c) Who finds the traffic a problem? ....

d) Who says that they would prefer to live in the town? ....

e) Who thinks the streets are dirty? ....

f) Who likes living in town due to the public transport system? ....

[6 marks]

5 **Übersetze diese Sätze ins Deutsche.** Translate these sentences into German.

a) My bedroom is always tidy.

....

b) Upstairs there are three bedrooms.

....

c) The bathroom is next to my bedroom.

....

d) There is no shopping centre but there is free parking.

....

e) There is less traffic in the countryside than in the town.

....

[10 marks: 2 marks per sentence. Award 1 mark for communication and 1 mark for precision.]

Environment and Social Issues

Charity and Voluntary Work & Healthy and Unhealthy Living

1 **Schreib fünf Sätze. Wähle ein Wort aus jedem Kästchen.** Write five sentences. Choose a word from each box.

Ich möchte Ich würde gern Ich werde	warme Mahlzeiten Medikamente Freiwilligenarbeit alten Menschen Geld als Arzt Obdachlosen	helfen arbeiten machen liefern verteilen sammeln

Beispiel: Ich werde als Arzt arbeiten.

....

....

....

....

....

[5 marks]

2 **Übersetze jeden Satz, den du in Übung 1 geschrieben hast, ins Englische.** Translate each of the sentences you wrote in activity 1 into English.

Beispiel: Ich werde als Arzt arbeiten. I will work as a doctor.

....

....

....

....

....

[10 marks: 2 marks per sentence. Award 1 mark for communication and 1 mark for precision.]

3 **Setze die Wörter in die richtige Reihenfolge.** Put the words into the correct order.

a) essen / man / gesund / soll ....

b) ziemlich / gesund / weil / und / ich / bin / Gemüse / esse / viel / ich / Obst

....

c) fit / bleibe / da / ich / ich / treibe / Sport / genug ....

d) Gesundheit / meine / mir / wichtig / sehr / ist ....

[4 marks]

4 **Verbinde die Satzeile.** Connect the two halves of the sentences.

Ich schlafe…
Ich trainiere…
Ich esse viel…
Man muss wenig…
Zigaretten…
Man soll…

Fett essen.
können töten.
zweimal pro Woche.
nicht rauchen.
gut.
Obst.

[6 marks]

5 **Lies die Meinungen über Wohltätigkeit und Freiwilligenarbeit und beantworte die Fragen.** Read the opinions and comments about charity and voluntary work and answers the questions.

Samstags liefere ich warme Mahlzeiten und Trinkwasser an Obdachlosen. Markus

In der Zukunft hoffe ich nach Afrika zu fahren, um dort beim Roten Kreuz zu arbeiten. Sabine

Ich möchte etwas Nützliches machen. Vielleicht werde ich Krankenschwester sein. Julia

Ich habe dieses Wochenende Medizin geliefert. Es war anstrengend, aber es lohnt sich. Yilmaz

a) What did Yilmaz do this weekend? _____

b) What does Sabine hope to do in the future? _____

c) What does Markus do on Saturdays? _____

[3 marks]

6 **Übersetze die Sätze ins Deutsche.** Translate the sentences into German.

a) I sleep well. _____

b) I don't eat unhealthy meals. _____

c) I drink enough water. _____

d) My dad has stopped smoking. _____

e) My sister trains in the gym every day. _____

[10 marks: 2 marks per sentence. Award 1 mark for communication and 1 mark for precision.]

Environment and Social Issues

The Environment & Poverty and Homelessness

1 **Übersetze die Sätze ins Englische.** Translate the sentences into English.

a) Wir dürfen unsere natürlichen Ressourcen nicht verschwenden.

....

b) Es ist wichtig, unsere Umwelt durch Recycling zu schützen.

....

c) Ich denke, wir sollten alle ermutigen, Müll zu sammeln, sortieren und verwerten.

....

d) Ich finde, dass heutzutage zu viel Energie benutzt wird.

....

e) Meiner Meinung nach ist die Wasserverschmutzung das größte Problem weltweit.

....

[10 marks: 2 marks per sentence. Award 1 mark for communication and 1 mark for precision.]

2 **Übersetze die Sätze ins Deutsche.** Translate the sentences into German.

a) There is too much rubbish on the streets.

....

b) As far as I'm concerned, deforestation is very worrying.

....

c) We're doing what we can to protect the environment.

....

[6 marks: 2 marks per sentence. Award 1 mark for communication and 1 mark for precision.]

3 **Lies die Ergebnisse einer Umfrage und beantworte die Fragen.** Read the results of a survey and answer the questions.

Was ist das beunruhigendste Problem in deiner Stadt?	
die Arbeitslosigkeit	15%
die Armut	20%
die Anzahl der Obdachlosen	25%
das Verbrechen	5%
die Verschmutzung	10%
die Anzahl der Einwanderer	2%

What percentage of people are most worried about ...?

a) people who don't have enough money

b) people without a home

c) people without a job ☐

d) problems with the environment ☐

e) people who steal from others ☐

[5 marks]

4 **Setze die Wörter in die richtige Reihenfolge und übersetze sie ins Englische.** Put the words in the right order and translate them into English.

a) immer mehr / Leute / die / es gibt / sind / arbeitslos

....

....

b) schnell / die Anzahl / in meiner Stadt / der Obdachlosen / wächst

....

....

c) sehen / der Armut / in meiner Stadt / eine Zunahme / man kann

....

....

d) überall / hat / zugenommen / stark / die Kriminalität

....

....

[8 marks: 2 marks per sentence. Award 1 mark for correct order and 1 mark for correct translation]

5 **Ergänze die Lücken mit Wörtern aus dem Kästchen unten. Nur acht Wörter werden verwendet.** Complete the gaps with words from the box below. Only eight words are used.

| früher heutzutage weniger fördern mehr steigen |
| waren aktiv sind reduzieren das kein ein die passiv lösen |

.... in meiner Stadt gibt es immer .... Menschen, die arbeitslos .... und haben auch .... Zuhause. Vorher war Kriminalität .... größte Problem. Die Polizei war sehr .... und löste das Problem weitgehend. Leider wird die Anzahl der Arbeitslosen und Obdachlosen .... , wenn nichts getan wird. Ich hoffe, die Regierung kann etwas tun, um dieses Problem zu ....

[8 marks]

Travel and Tourism

Travel and Tourism 1, 2 and 3

1 **Meine Ferien**

Lies die folgenden Sätze und wähle die richtige Person. Read the following sentences and choose the right person.

Sabine   **Oft während der Ferien übernachte ich in einem 4-Sternen Hotel.**

Jens   **Vor zwei Jahren bin ich mit meinen Freunden in die Schweiz gefahren und wir haben in einer Jugendherberge übernachtet.**

Kristina   **Ich würde gerne eines Tages in einer Berghütte übernachten - es muss sehr entspannend sein!**

Max   **Normalerweise bleiben wir bei meiner Oma, die am Meer wohnt.**

Schreib ihre Namen. Write their names.

Who…	
a) …spends their holiday with a relative?	
b) …is talking about a past holiday?	
c) …goes to the seaside?	
d) …likes good hotels?	
e) …is talking about a relaxing holiday?	

[5 marks]

2 **Probleme im Urlaub.**

Diese fünf Leute hatten Probleme im Urlaub. Lies die Aussagen und wähle die richtige Person. These five people had problems on holiday. Read their words and choose the right person.

Ada   **Wir mussten drei Stunden am Flughafen warten! Es war wirklich frustrierend!**

Bernd   **Ich war die ganze Zeit krank! Ich hatte eine Grippe, vielleicht weil es überall so kalt war!**

Gabi   **Sie haben das Fenster gebrochen und unsere Pässe und Geld gestohlen!**

Georg   **Ich musste neue Klamotten kaufen, weil mein Gepäck verschwunden war.**

Nadine   **Das Essen war furchtbar und die Zimmer waren schmutzig. Nie wieder werde ich dort übernachten!**

Schreib ihre Namen. Write their names.

a) lost luggage	
b) had a delay	
c) was robbed	
d) had flu	
e) had a filthy room	

[5 marks]

3 Das Hotel mit Bergblick

Lies diese Broschüre über ein Hotel mit Bergblick. Read this brochure about a hotel with mountain views.

Hotel mit Bergblick
Das Hotel liegt in einem Dorf etwa fünfhundert Meter von den Bergen entfernt.
Fünfzehn Zimmer auf drei Etagen, einige mit Bergblick.
Freibad täglich von 09:00 Uhr bis 20:00 Uhr geöffnet (geschlossen ab 18:00 Uhr an Feiertagen).
Das Restaurant mit Terrasse befindet sich auf der zweiten Etage.
Das Hotel ist hundefreundlich.

Sind diese Sätze richtig oder falsch? Are these sentences true or false?

a) All rooms have a view of the mountains.

b) There is an indoor swimming pool.

c) The swimming pool is open every day.

d) The restaurant is on the ground floor.

e) Pets are allowed.

[5 marks]

4 **Übersetze ins Englische.** Translate into English.

a) **Nächstes Jahr möchte ich mit meinen Freunden auf dem Land zelten.**

b) **Normalerweise fahren meine Familie und ich für zwei Wochen nach Italien.**

c) **Letztes Jahr habe ich in einer Jugendherberge in München übernachtet.**

d) **Vor drei Jahren sind wir in einem 4-Sternen Hotel am Meer geblieben.**

e) **Letzten Sommer waren wir in Spanien und wir sind jeden Tag am Strand spazierengegangen.**

[5 marks]

Studies and Employment

My Studies and Life at School

1 **Lies die Meinungen über Schulfächer. Ergänze die Tabelle auf Deutsch.** Read the opinions about school subjects. Fill in the table in German.

Jens   **Ich habe Kunst als Wahlfach gewählt, da es mir so viel Spaß gemacht hat. Aber jetzt fallen mir die Stunden ziemlich schwer und ich lerne lieber Erdkunde als Kunst, denn es ist immer logisch und interessant.**

Rebecca **Leider lerne ich nicht mehr Biologie oder Chemie, was echt furchtbar ist, weil ich Naturwissenschaften liebte, als ich jünger war. Heute ist mein Lieblingslehrer mein Geschichtelehrer, also lerne ich am liebsten dieses Fach.**

Zak   **Als ich ein Kind war, war ich sehr sportlich, deshalb nehme ich immer noch sehr gern an Sportunterricht teil. Ich war auch mathematisch begabt und ich lernte sehr gern Mathe, aber nicht mehr!**

	Lieblingsfach – jetzt	Lieblingsfach – in der Vergangenheit
Jens		
Rebecca		
Zak		

[6]

2 **Ergängze die Sätze ins Deutsche.** Complete the sentences in German.

a) I get up.   = ...   [3]

b) I wake up at 7 o'clock.   = ... **sieben** ....   [5]

c) I get dressed at 7:15.   = ... **um** .... **sieben** ....   [6]

d) I brush my teeth at half 7. = ... **mir** .... **acht.**   [6]

e) I go to school on foot.   = ... **zu** .... **die Schule.**   [4]

f) I never go to school by bike. = ... **nie** .... **in die** ....   [6]

g) I get changed after school. = ... **Schule** ....   [6]

h) I always get a lot of homework. = ... **Hausaufgaben.**   [4]

[40]

3 **Verbinde die Fragen und die Antworten.** Match up the questions and answers.

Was ist dein Lieblingsfach?
Was lernst du nicht gern?
Wie oft hast du Mathe?
Welches Fach hast du gewählt?
Wer ist dein(e) Lieblingslehrer(in)?
Wie findest du Kunst?

Mein Wahlfach ist Religion.
Dreimal in der Woche.
Sehr kompliziert, denn ich bin nicht kreativ.
Informatik kann ich nicht leiden.
Deutsch gefällt mir sehr.
Frau Weber, da sie so gerecht ist.

[6 marks]

4 **Wähle das richtige Wort und füll die Lücken aus. Du brauchst nur acht Wörter.** Choose the correct word and fill the gaps. You only need eight words.

Musikgruppe   beginnt   Klassenzimmer   Grundschule
Fußballspiel   lang   interessant   Kantine   Lehrer
AGs   streng   Schüler   Bibliothek   Internat
freundlich   endet

Wilkommen an unserer Schule! Es gibt ungefähr zweitausend _____ hier, und
da es ein _____ ist, wohnen wir alle hier zusammen, was eine Menge Spaß macht!
Obwohl der Schultag um halb vier _____, haben wir eine große Auswahl an
_____ und es gibt etwas für jeden, zum Beispiel habe ich gestern die
_____ besucht, und morgen werde ich an der Lesegruppe in der
_____ teilnehmen. Meiner Meinung nach können die Lehrer ein bisschen zu
_____ sein aber im Großen und Ganzen ist der Unterricht sehr
_____.

[8 marks]

Studies and Employment

Education Post-16 & Career Choices and Ambitions

1 **Verbinde die Satzhälften.** Match up the sentence halves.

Man muss immer gut zuhören,	wenn man schlechte Noten bekommt.
Man muss sitzenbleiben,	wenn wir etwas nicht verstehen.
Wir müssen nachsitzen,	blau zu machen.
Es ist verboten,	Handys in der Pause zu benutzen.
Es ist erlaubt,	wenn der Lehrer spricht.
Wir müssen fragen,	wenn wir zu viel schwätzen.

[6 marks]

2 **Lies die Zukunftspläne dieser Jugendlichen. Schreib den richtigen Namen.** Read these young people's future plans. Write the correct name.

Annie   Ich habe mich um einen Ausbildungsplatz beworben. Es war ganz einfach, den Brief zu schreiben, denn ich habe einen Nebenjob und ich habe ein Arbeitspraktikum gemacht.

Fabian   Da ich keine Arbeitserfahrung habe, ist es schwierig, einen Teilzeitjob zu finden. Ich möchte arbeiten, anstatt an die Uni zu gehen, deshalb ist eine Berufsschule ideal für mich.

Elisa   Der Berufsberater hat mir einen guten Rat gegeben und ich habe mich entschieden, einen Studienplatz zu finden. Ich freue mich auf das Studentenleben!

Moritz   In der Zukunft will ich einen guten Job finden, aber es ist wichtig, mehr über die Welt zu lernen. Ich möchte deshalb ein Jahr freinehmen und im Ausland freiwillig arbeiten.

a) Who wants to volunteer?   ....

b) Who wants to go to university?   ....

c) Who has a lot of experience?   ....

d) Who has spoken to a careers adviser?   ....

e) Who would prefer a vocational education?   ....

f) Who has a part time job?   ....

[6 marks]

3 **Übersetze ins Englische.** Translate into English.

Meine Mutter ist Beamtin, aber das ist nicht mein Traumberuf, da ich im Freien arbeiten möchte, zum Beispiel als Gärtner. Als ich jünger war, wollte ich Tierarzt werden, aber leider bin ich allergisch gegen Katzen! Nächstes Jahr werde ich einen Teilzeitjob suchen, um Geld zu verdienen.

[9 marks]

4 **Lies die Aussagen und schreib den richtigen Namen.** Read the statements and write the correct name.

Max **Ich würde nie schwänzen, denn die Stunden sind super wichtig.**

Elise **Hoffentlich darf ich bald versetzt werden – ich bin so fleißig!**

Tobias **Alle meine Freunde und ich stehen bestimmt unter Notendruck.**

Christina **Wir machen oft blau, aber nur da die Schule so langweilig ist.**

Ben **Mein Zeugnis kommt nächste Woche und ich denke, ich werde eine Sechs kriegen.**

Veronika **Die Schulregeln sind sehr streng, aber zum Glück werden die Schüler nicht mehr gemobbt.**

a) Who is feeling pressured? ....

b) Who mentions bullying? ....

c) Who **does not** play truant? ....

d) Who is expecting a bad grade? ....

e) Who plays truant? ....

f) Who mentions moving up a year? ....

[6 marks]

5 **Diese Befragung zeigt, was junge Leute in drei deutschen Schulen in der Zukunft wichtig finden. Wie viel Prozent der Befragten finden diese Sachen wichtig?** This survey shows what young people from three German schools find important for the future. What percentage of those surveyed find the following things important?

Was ist dir in der Zukunft wichtig?	
den Führerschein bekommen	85%
an die Universität gehen	71%
eine Lehre finden	62%
um die Welt reisen	59%
Geld für eine Wohltätigkeitsorganisation sammeln	44%
eine Menge Geld sparen	38%
ein Jahr freihnehmen	27%
ein Auto kaufen	13%

a) saving money ....

b) getting an apprenticeship ....

c) going travelling ....

d) taking a gap year ....

e) fundraising ....

f) getting a driving licence ....

[6 marks]

Grammar 1

Gender, Plurals and Articles & Cases

1 Schreib die Pluralformen dieser Hauptwörter. Write in the plurals of these nouns.

a) Zimmer _____

b) Tisch _____

c) Glas _____

d) Hund _____

e) Tag _____

f) Stadt _____

g) Bruder _____

h) Dorf _____

i) Hamburger _____

j) Freundin _____

k) Handy _____

l) Hand _____

m) Auto _____

n) Party _____

o) Student _____

[15 marks]

2 Schreib den bestimmten Artikel im Nominativ. Add the definite article in the nominative case.

a) _____ Wurst (f) ist fettig.

b) _____ Künstlerin (f) spielt gut.

c) _____ Zug (m) ist spät angekommen.

d) _____ Bibliothek (f) ist voll.

e) _____ Schrank (m) ist braun.

f) _____ Lehrer (m) unterrichtet Englisch.

g) _____ Fest (n) ist am 14. Februar.

h) _____ Arbeit (f) war schwer.

i) _____ Verkehr (m) ist laut.

j) _____ Stadion (n) ist alt.

[10 marks]

3 Schreib den richtigen bestimmten Artikel im Akkusativ. Add in the correct definite article in the accusative case.

a) Möchtest du _____ Butter (f)?

b) Ich finde _____ Sendung (f) furchtbar.

c) Nimmst du _____ Kartoffelsalat (m)?

d) Wer hat _____ Kreditkarte (f) verloren?

e) Hast du _____ Fernsehturm (m) gesehen?

f) Wir haben _____ Doppelzimmer (n) genommen.

g) Er hat _____ Arbeit (f) schwer gefunden.

h) Wie findest du _____ Computerspiel (n)?

i) Ich habe _____ Andenken (n) gekauft.

j) Hast du _____ Chef (m) gesehen?

[10 marks]

4 **Schreib den richtigen unbestimmten Artikel im Akkusativ.** Add in the correct indefinite article in the accusative case.

a) Ich höre _____ Vogel (m).

b) Hast du _____ Handy (n)?

c) Alex hat _____ Schwester (f).

d) Ich nehme _____ Dose (f) Erbsen.

e) Ich möchte _____ Einladung (f) zur Party.

f) Gibt es _____ Dom (m) in dieser Stadt?

g) Haben Sie _____ Hund (m)?

h) Hast du _____ Interview (n) gehabt?

[8 marks]

5 **Schreib die richtige Endung vom Possessivpronomen.** Add in the correct dative endings to the words accompanying the indirect object.

a) Er schenkt _____ Lehrer einen Apfel. (sein–)

b) Sie schenkt _____ Lehrerin eine Apfelsine. (ihr–)

c) Ich gebe _____ Mutter ein Geschenk. (mein–)

d) Schreibst du _____ Onkel? (dein–)

[4 marks]

HT **6** **Schreib die richtige Genitivform.** Insert the correct genitive form.

a) das Ende _____ Straße (f, definite article)

b) die Räder _____ Rads (n, **mein-**)

c) der Anfang _____ Sommers (m, definite article)

d) der Geschmack _____ Essens (n, definite article)

e) die Katze _____ Freundin (f, **mein-**)

f) das Büro _____ Direktors (m, definite article)

[6 marks]

Grammar 1

Adjectives and Adverbs & Prepositions

1 **Schreib die Adjektivendungen (unbestimmter Artikel).** Write in the adjective endings (indefinite article).

a) Nominative: **ein blöd__Film** (m)

b) Accusative: **eine lang__ Pause** (f)

c) Dative: **einem groß__ Problem** (n)

d) Nominative: **ein interessant__ Fach** (n)

e) Accusative: **eine lang__ Straße** (f)

f) Dative **einem nett__ Franzosen** (m)

g) Nominative: **ein schwer__ Betriebspraktikum** (n)

h) Accusative: **eine blau__ Handtasche** (f)

i) Dative: **einem voll__ Bus** (m)

[9 marks]

2 **Mach diese Adjektive komparativ.** Make these adjectives comparative.

a) billig   →

b) einfach   →

c) laut   →

d) gut   →

e) groß   →

f) jung   →

g) lang   →

h) schnell   →

i) cool   →

j) klein   →

[10 marks]

3 **Schreib das richtige Adverb, um diese Sätze zu vervollständigen.** Write in the correct adverb to complete these sentences.

a) **ein Pferd läuft _____** (slow).

b) **ein Mensch läuft _____** (slower).

c) **eine Schildkröte läuft _____** (slowest).

d) **Ich stehe _____ auf** (early).

e) **Mutti steht _____ auf** (earlier).

f) **Vati steht _____ auf** (earliest).

[6 marks]

4 **Schreib die richtigen Endungen für diese Artikel im Akkusativform nach einer Präposition.** Write in the correct endings for these articles in the accusative after a preposition.

a) **durch d___ Stadt** (f)

b) **ohne mein___ Schwester** (f)

c) **ohne mein___ Rad** (n)

d) **um d___ Ecke** (f)

e) **für mein___ Freund** (m)

f) **für mein___ Freundin** (f)

[6 marks]

5 **Schreib diese Präpositionen in drei Kategorien in die Tabelle.** Sort these prepositions into three categories in the table.

für	aus	in	bei	vor	durch	trotz	mit	nach
seit	wegen		unter	während	auf	hinter		um

Followed by the accusative	Followed by the dative	Followed by either the accusative or the dative	Followed by the genitive

[16 marks]

HT **6** **Schreib die richtigen bestimmten Artikel im Genitiv nach Präpositionen.** Write in the correct definite articles in the genitive after prepositions.

a) wegen _____ Wetters (n)   b) trotz _____ Regens (m)   c) während _____ Stunde (f)

[3 marks]

HT **7** **Übersetze ins Deutsche.** Translate into German (using the words in the gender boxes to help).

Masculine	Feminine	Neuter
Ketchup	Schwester	Haus
Onkel	Straßenbahn	
	Party	
	Ecke	
	Tasche	
	Sonne	
	Stadt	

a) through a town

b) for my sister

c) in our house (no movement)

d) without ketchup

e) in the tram

f) after the party

g) from our uncle

h) round the corner

i) without his bag

j) in the sun

[10 marks]

Grammar 2

Pronouns and Present Tense Verbs 1

1 **Schreib die deutschen Pronomen im Nominativ.** Write down the German pronouns in the nominative case.

a) 'one'

b) they

c) you (formal)

d) you (two friends)

e) we

f) you (one friend)

[6 marks]

2 **Füll die Lücken mit den richtigen Dativpronomen.** Fill in the blanks with the correct dative pronouns.

a) **Kommst du zu** _____ **(me)?**

b) **Ich gebe** _____ **(him) die Hand.**

c) **Ich gebe** _____ **(you, formal) meine Adresse.**

d) **Unsere Freunde haben** _____ **(us) eine E-Mail geschickt.**

e) **Ich schicke** _____ **(you, familiar) eine Postkarte.**

f) **Bist du mit** _____ **(her) in die Stadt gegangen?**

[6 marks]

3 **Übersetze ins Deutsche.** Translate into German.

a) with him

b) with us

c) to me

d) her (accusative)

e) her (dative)

f) she

g) you (formal, nominative)

h) you (formal, dative)

[8 marks]

4 **Schreib die richtigen Endungen dieser regelmäßigen Verben im Präsens.** Write in the correct present tense endings of these regular verbs.

a) ihr spiel__

b) du mach__

c) sie bleib__

d) ihr geh__

e) Timo komm__

f) wir steig__

g) er komm__

h) sie (singular) flieg__

i) sie (plural) trink__

j) wir sag__

[10 marks]

5 **Wähle das richtige trennbare Pronomen.** Choose the correct separable pronoun.

a) Wir steigen am Bahnhof _____? (out)

b) Wir stehen früh _____. (up)

c) Was ziehst du _____? (on)

d) Ich komme _____. (with)

e) Heute sehen wir _____. (TV)

f) Ich ziehe mich _____, bevor ich ins Bett gehe. (undress)

[6 marks]

6 **Füll die Lücken mit trennbaren Verben im Präsens.** Fill in the gaps with separable verbs.

a) Wir _____ selten _____. (fernsehen)

b) Wo _____ man _____? (einsteigen)

c) Ich _____ oft Filme _____. (herunterladen)

d) Klaus _____ um 6 Uhr _____. (aufstehen)

e) Wo _____ wir _____? (umsteigen)

[5 marks]

Grammar 2

Present Tense Verbs 2 and Perfect Tense Verbs

1 **Wähle die richtigen Modalverben.** Choose the correct modal verbs.

a) they must: **sie wollen / müssen / dürfen**

b) he likes: **er muss / darf / mag**

c) I am able: **ich darf / kann / muss**

d) he's allowed: **er kann / darf / muss**

e) they want to: **sie können / müssen / wollen**

f) you like: **du magst / willst / kannst**

g) we want to: **wir dürfen / mögen / wollen**

h) you are allowed: **ihr könnt / dürft / mögt**

[8 marks]

2 **Schreib die richtigen Wörter, um diese Infinitiv-Konstruktionen zu vervollständigen.** Insert the appropriate words to complete these infinitive constructions.

a) **Ich gehe in die Stadt, ___ Essen ___ kaufen.**

b) **Wir fahren nach Ibiza, ___ Urlaub ___ machen.**

c) **Klaus bleibt zu Hause, ___ Hausaufgaben ___ machen.**

d) **Wir recyceln Plastik, ___ die Umwelt ___ schonen.**

e) **Man geht in die Schule, ___ Mathematik ___ lernen.**

f) **Du fährst mit dem Zug, ___ nach Hamburg ___ kommen.**

[6 marks]

3 **Schreib die richtige Form von 'haben' und das Partizip Perfekt.** Fill in the correct part of **haben** and the past participle.

a) _____ du meine Schwester _____? **(sehen)**

b) _____ du mein Handy _____? **(nehmen)**

c) **Wir** _____ uns in der Stadt _____. **(treffen)**

d) **Oskar** _____ ein neues Auto _____. **(kaufen)**

e) **Wie** _____ du das Konzert _____? **(finden)**

f) **Meine Eltern** _____ gut _____. **(essen)**

g) _____ **Sie gut** _____? **(schlafen)**

h) **Die Mannschaft** _____ gut _____. **(spielen)**

[8 marks]

4 **Scheib die richtigen Partizipien für diese 'sein'-Verben.** Write down the correct past participles for these **sein** verbs.

Infinitive		Past Participle
a) fliegen	→	
b) sterben	→	
c) sein	→	
d) bleiben	→	
e) kommen	→	
f) laufen	→	
g) fahren	→	
h) gehen	→	

[8 marks]

5 **Schreib die richtigen Reflexivpronomen und Partizipien, um diese Sätze zu vervollständigen.** Insert the correct reflexive pronouns and past participles to complete these sentences.

a) Wir haben _____ am Marktplatz _____. (treffen)

b) Hast du _____ schon _____? (waschen)

c) Ich habe _____ heute morgen nicht _____. (rasieren)

d) Die Kinder haben _____ _____. (amüsieren)

[4 marks]

6 **Schreib die richtigen Partizipien, um diese Sätze zu vervollständigen.** Insert the correct past participles to complete these sentences.

a) Wir haben noch nicht _____. (abwaschen)

b) Wann seid ihr _____? (ankommen)

c) Der Film _____ um 20 Uhr _____. (anfangen)

d) _____ du gestern _____? (fernsehen)

[4 marks]

7 **Übersetze ins Deutsche mit den Verben aus dem Kasten.** Translate into German using the verbs in the box below.

ankommen	finden	sich hinsetzen	kaufen	spielen	vergessen	sagen	lesen

a) When did you (familiar) arrive?

b) What did they find?

c) We sat down.

d) I bought a cake.

e) Ergül played piano.

f) Saskia forgot her homework.

g) He said hello.

h) Have you read Harry Potter?

[8 marks]

Grammar 2

Imperfect Tense Verbs and Future Time Frame

1 **Füll die Lücken mit der Imperfekt-Form von diesen unregelmäßigen Verben.** Fill in the gaps with the imperfect tense of these irregular verbs.

a) Er _____ laut. (sprechen)

b) Wir _____ vor der Kirche. (stehen)

c) Ich _____ krank. (sein)

d) Die Teenager _____ zu viel. (trinken, plural)

e) Ich _____ meine Bruder. (sehen)

f) Sie (plural) _____ in die Berge. (fahren)

g) Wir _____ Kopfschmerzen. (haben)

h) _____ du schon oft hier? (sein)

i) Der Einbrecher _____ €1000 aus dem Geldschrank. (nehmen)

j) Ich _____ nicht gut schlafen. (können)

[10 marks]

HT **2** **Übersetze diese Sätze ins Deutsche. Benutze das Präsens für die Zukunft.** Translate these sentences into German using the present tense to express the future.

a) I'm going home soon.

b) We are going to the cinema on Friday.

c) Leon is playing table tennis this evening.

d) My parents are visiting us tomorrow.

e) I'm making breakfast at 7.30.

[5 marks]

3 **Schreib die fünf Sätze in Aufgabe 2 nochmal. Benutze das Futur.** Take the five sentences in activity 2 and put them into the official future tense.

[5 marks]

4 **Schreib diese Präsens-Sätze im Imperfekt.** Put these present tense sentences into the imperfect tense.

a) Das finde ich gut.

b) Ich sage nichts.

c) Ali kommt mit.

d) Wir haben Spaß.

e) Peter ist im Krankenhaus.

f) Es gibt viel zu sehen.

g) Sie hat keine Zeit.

h) Was musst du machen?

[8 marks]

5 **Schreib diese Modalverben im Imperfekt.** Write modal verbs in the imperfect tense.

a) ich muss _____

b) wir wollen _____

c) ihr sollt _____

d) er mag _____

e) du kannst _____

f) man darf _____

[6 marks]

6 **Entscheide, ob diese Sätze Präsens oder Futur bezeichnen. Schreib P für Präsens oder F für Futur.** Decide whether these sentences indicate the present or the future tense. Write P for present tense or F for future tense.

a) Wir kommen bald nach Hause.

b) Werdet ihr Lasagne essen?

c) Ich gehe oft ins Theater.

d) Ich habe ein Problem.

e) Hamburg wird das Spiel gewinnen.

f) Meine Schwester heiratet morgen.

[6 marks]

7 **Schreib drei Sätze, um zu sagen, was du machen würdest...** Write three sentences saying what you would do...

Geld – money	**Zeit** – time	**faul** – lazy

a) ...if you had more money.

b) ...if you had more time.

c) ...if you weren't so lazy.

[3 marks]

Grammar 2

Pluperfect Tense, Subjunctive Mood and Imperative & Word Order and Conjunctions

HT **1** Schreib die richtige Form von 'haben' oder 'sein', um die Sätze im Plusquamperfekt zu vervollständigen. Insert the correct form of **haben** or **sein** to complete each sentence in the pluperfect tense.

    a) Sie sind ins Wohnzimmer gegangen, nachdem sie gegessen _____.

    b) Er _____ krank gewesen.

    c) Peter _____ schon oft Muscheln gegessen.

    d) Ich _____ noch nie in die Oper gegangen.

    e) Birgit _____ ihre Kreditkarte vergessen.

    f) Ich bin ins Bett gegangen, nachdem ich geduscht _____ .

    [6 marks]

2 Bring die Sätze in die richtige Reihenfolge. Unjumble the words to make sentences in the correct order. Start with the underlined words.

    a) <u>Ulla</u> / nach Spanien / nächste Woche / fährt

    b) <u>Er</u> / in die Schule / geht / jeden Tag

    c) <u>Ich</u> / in Kiel / letzte Woche / war

    d) <u>Letzte Woche</u> / in Kiel / war / ich

    e) <u>Das Auto</u> / langsam / die Straße / fuhr / entlang

    f) <u>Am Freitag</u> / Harry / geht / zum Zahnarzt

    g) <u>Harry</u> / am Freitag / zum Zahnarzt / geht

    h) <u>Wir</u> / Obst / essen / gern / immer

    i) <u>Wir</u> / gut / in Frankreich / essen / immer

    j) <u>Ich</u> / in einem Geschäft / arbeite / jeden Tag

    [10 marks]

HT **3** Schreib diese Perfekt-Sätze im Plusquamperfekt. Change these perfect tense sentences into the pluperfect tense.

    a) Asma hat Abitur gemacht.

    b) Ich habe ein Computerspiel heruntergeladen.

    c) Wir sind zur Haltestelle gegangen.

    d) Er ist noch nie nach Frankreich gefahren.

    e) Ich habe eine E-Mail geschickt.

    f) Aktar ist nicht gekommen.

    g) Man hat ein Problem gehabt.

    h) Wir haben Freunde eingeladen.

    [8 marks]

4 Übersetze die Plusquamperfekt-Sätze, die du in Übung 3 auf Englisch geschrieben hast, ins Englische. Translate the pluperfect sentences you have written in activity 3 into English.

[8 marks]

5 Schreib diese Sätze mit neuen Anfängen. Rewrite these sentences with new beginnings.

a) Ich fahre mit dem Bus in die Stadt.

Jeden Tag _____.

b) Meine Mutter ist krank.

Leider _____.

c) Man darf nicht parken.

Hier _____.

d) Mark ist zum Zahnarzt gegangen.

Gestern _____.

e) Wir haben Pommes mit Ketchup gegessen.

Am Freitag _____.

f) Aisa ist nach Amerika gefahren.

Letztes Jahr _____.

[6 marks]

HT **6** Übersetze diese Sätze ins Deutsche. Translate these sentences into German. Remember the TMP word order.

a) I go to school every day by bike.

b) Will you come with me to the swimming pool at the weekend?

c) We often watch TV in the living room.

d) Mehmet often plays table tennis in the youth club.

e) My father works hard every day in the office.

f) Do you want to eat pizza with me in the restaurant this evening?

[6 marks]

Collins

GCSE
German
Higher Tier Paper 1 Listening

H

Time allowed: 45 minutes
(including 5 minutes' reading time before the test)

Instructions

- Download the audio material to use with this test from **www.collins.co.uk/collinsgcserevision**
- Use black ink or black ball-point pen.

Information

- The marks for questions are shown in brackets.
- The maximum mark for this paper is 50.
- You must **not** use a dictionary during this test.

Advice

For each item, you should do the following:

- After the question number is announced, there will be a pause to allow you to read the instructions and questions.
- Carefully listen to the recording. Read the questions again.
- Listen again to the recording. Then answer the questions.
- You may write at any point during the test.
- In **Section A**, answer the questions in **English**. In **Section B**, answer the questions in **German**.
- Answer all questions in the spaces provided.
- Write down all the information you are asked to give.
- You have 5 minutes to read through the question paper before the test begins. You may make notes during this time.

Name: _____

Section A   Questions and answers in **English**

On holiday

0 1   You are on holiday in Austria and hear three people discussing problems they have encountered. Which **three** problems have they encountered?

Write the correct letters in the boxes.

A	transport
B	luggage
C	hotel room
D	crime
E	money

[3 marks]

Practice Exam Paper

My new house

Your Austrian friend Moritz is telling you about the house he has just moved to.

Answer both parts of the question in English.

`0 2` · `1` What does he like best about his new house?

....

[1 mark]

`0 2` · `2` Why does he like it?

....

[1 mark]

School worries

Your friends from the German exchange are telling you about their life at school.

What are they stressed about at the moment?

Answer all parts of the question in English.

`0 3` · `1` Tomas is worried about...

....

[1 mark]

`0 3` · `2` Josy is worried about...

....

[1 mark]

`0 3` · `3` Sebastien is worried about...

....

[1 mark]

Careers

Your Swiss friend's parents are discussing their careers.

0 4   What does Sofia say about her career?

Complete the table in **English**.

Past	Present	Future
	Teacher	

[2 marks]

0 5   What does Thorsten say about his career?

Complete the table in **English**.

Past	Present	Future
		Own company

[2 marks]

Practice Exam Paper

Social media

Three teenagers explain how social media can cause problems.

What are their biggest concerns?

Write the correct letters in the boxes.

A	stranger danger
B	self image
C	bullying
D	inappropriate content
E	addiction

0 6 · 1 Abdul

[1 mark]

0 6 · 2 Natascha

[1 mark]

0 6 · 3 Leo

[1 mark]

A music festival

Your German friend Bettina is describing a music festival she recently attended.

Answer all parts of the questions in English.

0 7 · 1 What did she like most about the event?

[1 mark]

0 7 · 2 What did she enjoy before the event?

[1 mark]

0 7 · 3 What **two** reasons did Bettina give for not being able to get tickets at first?

1.

2.

[2 marks]

0 7 · 4 How did Bettina get tickets in the end? Give **one** detail.

[1 mark]

Family relationships

You are listening to an Austrian phone-in programme on the radio.

A teenager is asking for help with a problem he has.

Answer all parts of the questions in English.

`0 8` · `1` Why has he fallen out with his father?

....

[1 mark]

`0 8` · `2` What does he find unfair?

....

[1 mark]

`0 8` · `3` What does he think of his brother? Give **one** detail.

....

[1 mark]

`0 8` · `4` What aspect of family life does he enjoy?

....

[1 mark]

`0 8` · `5` Why does he enjoy it?

....

[1 mark]

Mobile phones

Some students at your German exchange partner school are discussing mobile phones.

What do they think about their mobile phones?

Write **P** for a **positive** opinion.

Write **N** for a **negative** opinion.

Write **P+N** for a **positive and a negative** opinion.

Answer all parts of the question.

0 9 · 1 Natalia

[1 mark]

0 9 · 2 Max

[1 mark]

0 9 · 3 Zafira

[1 mark]

0 9 · 4 Eric

[1 mark]

Healthy and unhealthy lifestyles

You are listening to a podcast where three young people are discussing their health.

What is said about each person's lifestyle?

Answer all parts of the question.

Write the correct letters in the boxes.

1 0 · 1 Tabitha is...

A	not getting enough sleep.
B	sleeping too much.
C	falling asleep at work.

[1 mark]

1 0 · 2 Stephan is...

A	an ex-smoker.
B	trying to stop smoking.
C	not worried about smoking.

[1 mark]

1 0 · 3 Nicole is...

A	happy with her weight.
B	trying to gain weight.
C	trying to lose weight.

[1 mark]

Practice Exam Paper

Local area

Your German exchange partner Lianne is telling you about her local area before you go to visit.

Answer all parts of the question.

Write the correct letters in the boxes.

`1` `1` · `1` She lives in a…

A	farmhouse.
B	flat.
C	semi-detached house.

[1 mark]

`1` `1` · `2` The area is…

A	quiet.
B	clean.
C	pretty.

[1 mark]

Answer the following question in English.

`1` `1` · `3` What advantage does she think a town has over a village?

[1 mark]

Social issues

1 2   At a school event in Germany, Michael is giving a presentation about social issues.

What social issue is he talking about?

Write the correct letter in the box.

A	poverty
B	homelessness
C	unemployment rates

[1 mark]

Global problems

You hear three radio adverts aiming to raise awareness about environmental problems across the world.

What problem does each advert mention?

Write the correct letters in the boxes.

A	climate change
B	over population
C	species extinction
D	water shortage
E	food shortage

1 3 . 1

[1 mark]

1 3 . 2

[1 mark]

1 3 . 3

[1 mark]

Practice Exam Paper

Section B — Questions and answers in **German**

Freizeit

Eine Studie hat junge Leute über ihre Hobbys befragt.

Schreib die richtigen Zahlen.

Beantworte alle Teile der Frage.

Example:	*72%*	*spielen ein Instrument.* [1 mark]

1 4 · 1 _____% lesen gern. [1 mark]

1 4 · 2 _____% gehen gern ins Kino. [1 mark]

1 4 · 3 _____% benutzen keine soziale Netzwerke. [1 mark]

1 4 · 4 _____% treiben regelmäßig Sport. [1 mark]

Die Ehe

Drei Jugendliche in deiner Partnerschule sprechen über die Ehe.

Für eine positive Meinung, schreib P

Für eine negative Meinung, schreib N

Für eine positive und negative Meinung, schreib P + N.

Beantworte alle Teile der Frage.

1 5 · 1 Rafael ☐

[1 mark]

1 5 · 2 Elisa ☐

[1 mark]

1 5 · 3 Julian ☐

[1 mark]

Fernsehen

1 6 **Du sprichst mit deiner Freundin Isabel aus Österreich über Fernsehen.**

Welche drei Aussagen sind richtig?

Schreib die richtigen Buchstaben ins Kästchen.

A	Isabel sieht gern die Nachrichten im Fernsehen.
B	Isabel sieht gern Dokumentarfilme im Fernsehen.
C	Isabel sieht selten fern.
D	Isabel geht nicht gern ins Kino.
E	Isabel sieht mit ihrer Schwester fern.

[3 marks]

Collins

GCSE
German

Higher Tier Paper 2 Speaking

Candidate's material – Role-play
Candidate's material – Photo card

Time allowed: 12 minutes
(+ 12 minutes' preparation time)

Instructions

- During the preparation time, you are required to prepare **one** Role-play card and **one** Photo card.
- During the General Conversation, you are required to ask at least one question.

Information

- The test will last a maximum of 12 minutes and will consist of a Role-play card (approximately 2 minutes) and a Photo-card (approximately 3 minutes), followed by a General Conversation. The General Conversation is based on two out of the three Themes (5 – 7 minutes).
- You must **not** use a dictionary, either in the test or during the preparation time.

Name:

Role-play

Prepare your <u>spoken</u> answers to this Role-play.

Instructions to candidates

Your teacher will play the part of a German hotel receptionist and will speak first.

You should address the receptionist as 'Sie'.

When you see this – ! – you will have to respond to something you have not prepared.

When you see this – ? – you will have to ask a question.

Sie sind in einem Hotel in Deutschland. Sie sprechen mit der Person an der Hotelrezeption.

- Zimmer – wie viele Personen.
- Was für ein Zimmer (**zwei** Details).
- !
- Ihr letzter Besuch nach Deutschland.
- ? Restaurant.

Practice Exam Paper

Photo card

- Look at the photo.
- Prepare your <u>spoken</u> answers to the three questions that follow.

- **Was gibt es auf dem Foto?**
- **Ist es wichtig, Feste zu feiern? Warum (nicht)?**
- **Wie hast du Weihnachten letztes Jahr gefeiert?**

In the examination, your teacher will ask you **two** further questions, which you have not prepared.

Think of other questions you might be asked on the topic of 'Customs and festivals' and prepare answers to those, too.

General Conversation

The questions on the Photo card are followed by a General Conversation. The first part of this conversation will be from your nominated Theme and the second part on a Theme chosen by the examiner. The total time of the General Conversation will be between five and seven minutes and a similar amount of time will be spent on each Theme.

Themes for this example General Conversation are:

- Local, national, international and global areas of interest
- Current and future study and employment

Remember! It is a requirement for you to ask at least **one** question during the General Conversation; this can happen at any time during this section of the test.

Collins

GCSE
German
Higher Tier Paper 3 Reading

H

Time allowed: 1 hour

Instructions

- Use black ink or black ball-point pen.
- Answer **all** questions.
- You must answer the questions in the spaces provided.
- In **Section A**, answer the questions in **English**. In **Section B**, answer the questions in **German**. In **Section C**, translate the text into **English**.

Information

- The marks for questions are shown in brackets.
- The maximum mark for this paper is 60.
- You must **not** use a dictionary during this test.

Name: ....

Practice Exam Paper

Section A Questions and answers in **English**

0 1 **Family relationships**

You read this magazine article where three teenagers are discussing their family life.

Write the first letter of the correct name in the box.
Write **A** for **Alex**.
Write **B** for **Bettina**.
Write **C** for **Carlotta**.
Write **D** for **Daniel**.

Mein Vater arbeitet viel also sehen wir uns nicht so oft, was mich oft traurig macht. Zum Glück habe ich drei Geschwister und wir sind gute Freunde – wir streiten uns selten und das finde ich schön.
Alex

Meine Eltern gehen mir wirklich auf die Nerven, denn sie geben mir keine Freiheiten. Ich habe zwei ältere Brüder aber keine Schwester, was nicht gut ist.
Bettina

Ich habe eine Zwillingsschwester und wir verstehen uns ganz gut. Wir streiten uns nicht so oft, aber manchmal gibt es Probleme, weil wir ein Zimmer teilen müssen. Sie ist so unordentlich!
Carlotta

Ich habe keine Geschwister aber das stört mich nicht. Meine Eltern sind seit einem Jahr geschieden und ich wohne mit meiner Mutter und unserem Hund in einem kleinen Haus.
Daniel

0 1 · 1 Who has strict parents?

[1 mark]

0 1 · 2 Whose parents are no longer married?

[1 mark]

0 1 · 3 Who has arguments about an untidy bedroom?

[1 mark]

0 2 Social networks

You read this newspaper interview where two teenage girls have been asked their opinions about social networks.

Complete the grid in **English**.

Soziale Netzwerke sind äußerst nützlich, wenn man mit Freunden, Familie und Bekannten in Kontakt bleiben will. Ich liebe es, dass ich immer informiert bleiben kann. Aber in der Schule habe ich leider gesehen, dass Cybermobbing immer öfter passiert, weil sowohl die Täter als auch die Opfer anonym sind.

Alya

Für mich gibt es mehr Nachteile als Vorteile, zum Beispiel wissen Kinder nicht immer, mit wem sie sprechen. Ich muss aber zugeben, dass es nützlich ist, wenn man Informationen teilen kann, um anderen zu zeigen, was man macht oder wofür man sich interessiert. Ich schwärme für soziale Neztwerke aber ich habe natürlich gesehen, dass sie zu Gesundheitsprobleme führen können – man kann sehr schnell süchtig und faul werden!

Marlene

	One advantage	One disadvantage
Alya		
Marlene		

[4 marks]

| 0 | 3 |

Life at school

You are doing research for a presentation about school in Germany and you come across a school website, where there is an article written by a student called Ralf.

Which **four** statements are true? Write the correct letters in the boxes.

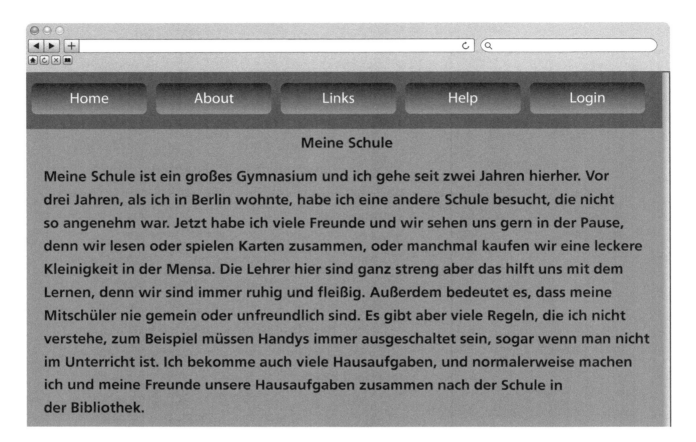

Meine Schule

Meine Schule ist ein großes Gymnasium und ich gehe seit zwei Jahren hierher. Vor drei Jahren, als ich in Berlin wohnte, habe ich eine andere Schule besucht, die nicht so angenehm war. Jetzt habe ich viele Freunde und wir sehen uns gern in der Pause, denn wir lesen oder spielen Karten zusammen, oder manchmal kaufen wir eine leckere Kleinigkeit in der Mensa. Die Lehrer hier sind ganz streng aber das hilft uns mit dem Lernen, denn wir sind immer ruhig und fleißig. Außerdem bedeutet es, dass meine Mitschüler nie gemein oder unfreundlich sind. Es gibt aber viele Regeln, die ich nicht verstehe, zum Beispiel müssen Handys immer ausgeschaltet sein, sogar wenn man nicht im Unterricht ist. Ich bekomme auch viele Hausaufgaben, und normalerweise machen ich und meine Freunde unsere Hausaufgaben zusammen nach der Schule in der Bibliothek.

A   Ralf prefers his new school to his old school.

B   Ralf lives in Berlin.

C   There is a large gym at this school.

D   Most students eat lunch at school.

E   Ralf likes having strict teachers.

F   There are no bullying issues.

G   Ralf may only use his phone at break and lunch.

H   You can do your homework at school.

[   ]   [   ]   [   ]   [   ]

[4 marks]

0 4   Holidays

You are on a flight to Vienna and read this article in a magazine about holidays.

Answer the questions **in English**.

Urlaub bedeutet für viele vor allem etwas Anderes zu machen als in dem normalen Alltag. Viele Europäer reisen in Nachbarstädte und Länder. Aber leider sind solche Reisen nicht besonders gut für die Umwelt, wegen der Abgase von Autos und Flugzeugen und des Mülls, den große Hotels produzieren. Außerdem kosten weite Reisen oft viel Geld. Das ist der Hauptgrund, warum viele Österreicher ihren Urlaub in ihrem eigenen Land verbringen. Sogar zu Hause kann man tolle Ausflüge machen, direkt vor der Haustür. Immer mehr Leute, die früher keine Interesse an einem Heimaturlaub hatten, planen dieses Jahr zu Hause zu bleiben.

0 4 · 1 What do holidays mean for many people? Give **one** detail.

....

[1 mark]

0 4 · 2 Where do many Europeans go on holiday?

....

[1 mark]

0 4 · 3 Name **one** environmental problem caused by travelling to holiday destinations.

....

[1 mark]

0 4 · 4 What is the main reason why many Austrians are choosing to holiday at home?

....

[1 mark]

0 4 · 5 This year, more and more people are…

A	against 'staycations'
B	interested in 'staycations'
C	planning 'staycations'

[1 mark]

| 0 5 | **Health** |

You read an interview in an Austrian magazine with four people about their health and lifestyles.

How would you describe these people's lifestyles **at present**?

Write **H** for **healthy**.

Write **U** for **unhealthy**.

Write **H + U** for **healthy and unhealthy**.

Sonia:	**Vor einem Jahr war ich total unfit – ich habe zu viel gegessen und ich habe sehr schnell zugenommen. Jeden Abend habe ich zwei oder drei Stunden beim Fernsehen verbracht. Ich dachte, "das reicht!". Jetzt esse ich viel gesünder und ich gehe zweimal pro Woche ins Fitnessstudio.**
Peter:	**Seitdem ich mit dem Rauchen aufgehört habe, habe ich zu viele Süßigkeiten und Bonbons gegessen. Es freut mich (und meinen Arzt!), dass ich nicht mehr nach Rauch stinke und dass das Lungenkrebs-Risiko nicht so hoch ist, aber ich bin trotzdem zu dick und zu ungesund.**
Amy:	**Mein Mann geht jeden Tag laufen und das ist zu viel für mich, aber ich versuche, einmal pro Woche mitzumachen. Ich habe eine stressige Arbeit und ich finde es besser, wenn ich viele Obst und Gemüse esse. Es macht mein Leben einfacher, denn ich habe mehr Energie. Ich muss jetzt weniger Alkohol trinken.**
Thorsten:	**Meine Oma ist vor zehn Jahren an einer Leberkrankeit gestorben, also trinke ich keinen Tropfen Alkohol. Das bedeutet nicht, dass ich immer super gesund bin. Ich rauche ab und zu, zum Beispiel auf Partys, und ich könnte nie auf Schokolade verzichten. Alles in Maßen!**

| 0 5 · 1 | Sonia | |

[1 mark]

| 0 5 · 2 | Peter | |

[1 mark]

| 0 5 · 3 | Amy | |

[1 mark]

| 0 5 · 4 | Thorsten | |

[1 mark]

0 6 Social problems

You are researching charities in Germany and come across the website for a homeless charity based in Berlin.

Write **T** if the statement is **true**.

Write **F** if the statement is **false**.

Write **NT** if the information is **not in the text**.

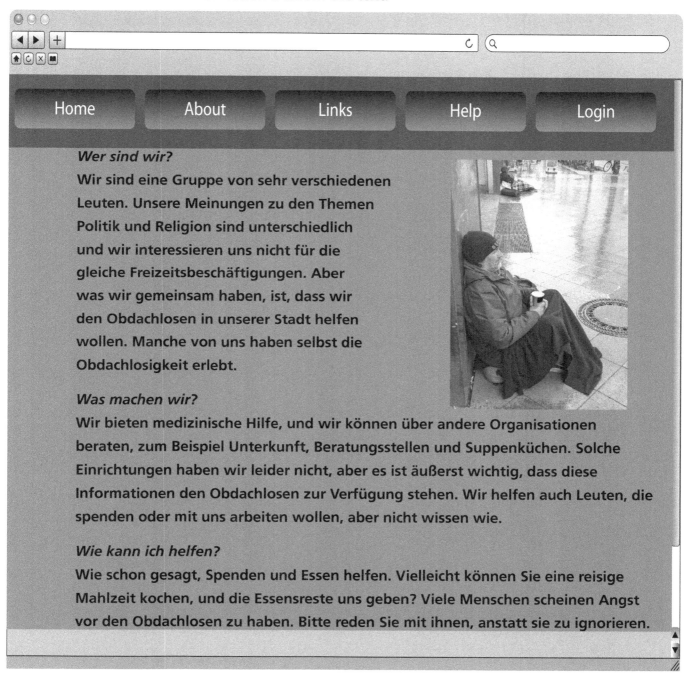

Wer sind wir?

Wir sind eine Gruppe von sehr verschiedenen Leuten. Unsere Meinungen zu den Themen Politik und Religion sind unterschiedlich und wir interessieren uns nicht für die gleiche Freizeitsbeschäftigungen. Aber was wir gemeinsam haben, ist, dass wir den Obdachlosen in unserer Stadt helfen wollen. Manche von uns haben selbst die Obdachlosigkeit erlebt.

Was machen wir?

Wir bieten medizinische Hilfe, und wir können über andere Organisationen beraten, zum Beispiel Unterkunft, Beratungsstellen und Suppenküchen. Solche Einrichtungen haben wir leider nicht, aber es ist äußerst wichtig, dass diese Informationen den Obdachlosen zur Verfügung stehen. Wir helfen auch Leuten, die spenden oder mit uns arbeiten wollen, aber nicht wissen wie.

Wie kann ich helfen?

Wie schon gesagt, Spenden und Essen helfen. Vielleicht können Sie eine reisige Mahlzeit kochen, und die Essensreste uns geben? Viele Menschen scheinen Angst vor den Obdachlosen zu haben. Bitte reden Sie mit ihnen, anstatt sie zu ignorieren.

0 6 · 1 The team at the charity don't have much in common.

[1 mark]

0 6 · 2 The team at the charity have all been homeless at some point.

[1 mark]

0 6 · 3 The charity collects clothes donations.

[1 mark]

0 6 · 4 The charity runs a soup kitchen.

[1 mark]

0 6 · 5 The charity will not accept leftover food.

[1 mark]

0 6 · 6 The charity wants the public to interact more with homeless people.

[1 mark]

0 7   Future plans

You are considering studying abroad in future and email your Swiss friend Marie-Elisabeth for advice. She sends you this reply.

deine Zukunftspläne   Inbox ×

Marie-Elisabeth Schroeder   10:36 AM (8 minutes ago)   ↩ reply ▾
to: Me

Hallo!

Die Idee eine Zeit lang im Ausland zu leben und zu studieren gefällt mir sehr gut. Es ist eine gute Möglichkeit, ein neues Land zu sehen, eine andere Kultur kennenzulernen und eine andere Sprache zu lernen. Gleichzeitig kann man viele Menschen kennenlernen und neue Freunde finden. Ich kenne einige Leute, die im Ausland studiert haben und die meisten hatten eine tolle und lustige Zeit.

Im Ausland zu studieren kann aber auch Nachteile haben. Zum einen kostet es oft viel Geld. Zweitens ist es manchmal nicht so leicht, im Studium weiterzukommen, wenn man die Sprache nicht so gut versteht. Außerdem lassen sich einige Studenten durch viele Partys vom Studium ablenken.

Schreib mir bald!

M.E. ☺

0 7 · 1 Give **two** advantages of studying abroad according to Marie-Elisabeth.

1. ....

[1 mark]

2. ....

[1 mark]

0 7 · 2 Give **two** disadvantages of studying abroad according to Marie-Elisabeth.

1. ....

[1 mark]

2. ....

[1 mark]

0 8 Free time

You read a blog entry where the writer is discussing their attitude towards sport and exercise.

Answer the questions in **English**.

> Ich treibe super gern Sport im Freien, nicht nur weil es mich fit hält, sondern auch weil ich es genieße, die frische Luft einzuatmen. Trotz den vielen Vorteilen haben viele junge Leute keine Lust auf Sport, weil sie lieber Zeit vor einem Bildschirm verbringen. Es kann schwierig sein, mit Sport oder Bewegung anzufangen, wenn man ein lebenslanger Stubenhocker ist. Ich schlage vor, einmal pro Woche wandern zu gehen – es ist einfach, sehr schön und braucht nicht so viel Energie.

0 8 · 1 Apart from keeping fit, why does the writer play sport?

....

[1 mark]

0 8 · 2 Why do many young people not play sport?

....

[1 mark]

0 8 · 3 What does the writer suggest doing if you are not very sporty?

....

[1 mark]

Section B   Questions and answers in **German**

| 0 | 9 | ### Die Welt in 100 Jahren

Lies diesen Teil aus dem Buch 'die Welt in 100 Jahren', geschrieben von Arthur Brehmer im Jahre 1909.

Beantworte die Fragen.

Schreib **R**, wenn die Aussage richtig ist.

F, wenn die Aussage falsch ist.

NT, wenn die Aussage nicht im Text ist.

Der Sport der Zukunft wird unbeschränkt in den Geschwindigkeiten* werden, aber mit der Erhöhung der Geschwindigkeit* wachsen die Gefahren des Sports, denn die Geschwindigkeit* kennt keine Grenzen.

Unsere kommenden Sportarten wird man hauptsächlich im Wasser, unter Wasser und in der Luft abspielen, rund um die Welt und in vierundzwanzig Stunden. Wir werden in Zukunft mit der Geschwindigkeit* eines Torpedobootes den schnellsten Fisch in seinem Element überholen können.

Unser Körper wird sich den neuen Lebensverhältnissen anpassen. Die Menschen werden kleiner und leichter werden. Auch die Möglichkeit von Tauch- und Flugkombinationen ist nicht ausgeschlossen.

In der Zukunft...

| 0 | 9 | · | 1 | **wird es keinen Wassersport mehr geben.**

[1 mark]

| 0 | 9 | · | 2 | **wird Sport nicht gefährlich sein.**

[1 mark]

| 0 | 9 | · | 3 | **wird es keinen Teamsport mehr geben.**

[1 mark]

| 0 | 9 | · | 4 | **werden Menschen anders aussehen.**

[1 mark]

| 0 | 9 | · | 5 | **wird man immer und überall Sport treiben.**

[1 mark]

0 9 · 6 wird man fliegen können.

[1 mark]

0 9 · 7 werden Fische schneller als Menschen schwimmen.

[1 mark]

0 9 · 8 wird es keine Torpedoboote mehr geben.

[1 mark]

Geschwindigkeit = speed

1 0 **Die Heinzelmännchen zu Köln**

Lies den Text basierend auf dem Gedicht „Die Heinzelmännchen zu Köln" von August Kopsich.

Beantworte die Fragen auf **Deutsch**.

Es war einmal eine reiche, schöne und grosse Stadt namens Köln. Vor langer Zeit gab es in der Stadt Köln kleine Männer, die „Heinzelmännchen" hießen. Sie halfen den Leuten in Köln bei der Arbeit, aber nur als es dunkel war, und als die Leute in der Stadt schliefen. Sie halfen den Leuten, die keine Zeit hatten, zum Beispiel für den Koch im Restaurant machten sie Suppen und Soßen, und für den Bäcker backten sie das Brot.

1 0 · 1 Wie beschreibt man Köln? Gib **zwei** Details.

[2 marks]

1 0 · 2 Wann kommen die Heinzelmännchen?

[1 mark]

1 0 · 3 Was machen die die Heinzelmännchen, um den Leuten zu helfen? Gib **ein** Beispiel.

[1 mark]

1 1 Problemseite

Du liest einen Brief in einem „Kummerkasten". Felix schreibt über seine Probleme.

Beantworte die Fragen **auf Deutsch**.

Ich bin ganz traurig, weil es zwischen meinen Eltern und mir die ganze Zeit Krach gibt. Sie arbeiten viel, deshalb muss ich immer zu Hause helfen, zum Beispiel gestern habe ich gebügelt und abgespült. Es sind nur kleine Aufgaben, aber meine Freunde machen überhaupt nichts und ich finde es ganz unfair. Meine Eltern sagen, dass es Teil des Erwachsenenlebens ist. Außerdem sind meine Noten nicht gut genug – dank der Hausarbeit fehlt es mir an Zeit, meine Hausaufgaben zu machen. Ich kann nicht schlafen, denn ich habe Angst vor den Prüfungen, deshalb bin ich oft krank und ich bin zu oft abwesend. Obwohl mein Leben zu Hause nicht immer schön ist, komme ich toll mit meiner älteren Schwester aus – wir verstehen uns gut und besprechen alles. Ich habe Glück, dass sie da ist.

1 1 · 1 Was macht Felix unglücklich?

[1 mark]

1 1 · 2 Warum hilft Felix zu Hause?

[1 mark]

1 1 · 3 Wie oft helfen Felixs Freunde zu Hause?

[1 mark]

1 1 · 4 Warum hat Felix Probleme mit der Schularbeit?

[1 mark]

1 1 · 5 Warum geht Felix manchmal nicht in die Schule?

[1 mark]

1 1 · 6 Zu wem hat Felix eine gute Beziehung?

[1 mark]

Section C Translation into **English**

1 2 You have asked your German exchange partner about their local area for a school website article. You receive this reply. Translate it into **English** for your headteacher.

Obwohl es ruhig und ziemlich klein ist, liebe ich mein Dorf. Vor zwei Jahren war der öffentliche Verkehr furchtbar, und ich bin oft spät in die Schule gekommen, aber jetzt bin ich immer pünktlich. Ich werde in den Bergen bei Wien wohnen, wenn ich achtzehn bin.

[9 marks]

END OF QUESTIONS

Collins

GCSE
German
Higher Tier Paper 4 Writing

H

Time allowed: 1 hour 15 minutes

Instructions

- Use black ink or black ball-point pen.
- You must answer **three** questions.
- Answer all questions in **German**.
- Answer the questions in the spaces provided.

Information

- The marks for questions are shown in brackets.
- The maximum mark for this paper is 60.
- You must **not** use a dictionary during this test.
- In order to score the highest marks for Question 1 you must write something about each bullet point. You must use a variety of vocabulary and structures and include your opinions.
- In order to score the highest marks for Question 2 you must write something about both bullet points. You must use a variety of vocabulary and structures and include your opinions.

Name: ....

Practice Exam Paper

Question 1

Du schreibst einen Artikel zum Thema Familie für die Schulzeitung.

Schreib:

- über deine Familienmitglieder
- warum Familie dir wichtig ist
- was du letztes Wochenende mit deiner Familie gemacht hast
- über deine Familiepläne für die Zukunft

Du musst ungefähr 90 Wörter auf Deutsch schreiben. Schreib etwas über alle Punkte der Aufgabe.

[16 marks]

Question 2

Du hast gerade Deutschland besuchst und schreibst ein Blog darüber.

- Schreib etwas über deinen Besuch
- Vergleich die deutsche Stadt und deine Gegend

Du musst ungefähr 150 Wörter auf Deutsch schreiben. Schreib etwas über beide Punkte der Aufgabe.

[32 marks]

Question 3

Translate the following passage into **German**.

We must try to protect the environment, and recycling is important in order to be more environmentally friendly. The inhabitants of my town have learnt to separate rubbish, although we throw away too much. In future I will not use plastic bags and I want to use public transport more often.

[12 marks]

_____

_____

_____

_____

_____

_____

_____

_____

_____

_____

END OF QUESTIONS

Answers

Me, My Family and Friends
Pages 4–5: My Family, My Friends & Marriage and Partnerships

1. a) mein Opa [1]
    b) mein Onkel [1]
    c) meine Nichte [1]
    d) mein Schwager [1]
    e) meine Tante [1]
    f) meine Stiefmutter [1]
    g) mein Cousin [1]
    h) meine Kusine [1]

2. a) Er ist immer ruhig [1] und fleißig [1]
    b) Sie ist oft faul [1] und stur [1]
    c) Er ist nie frech [1] oder nervig [1]
    d) Sie ist nie großzügig [1] oder sympathisch [1]

3. Answers will vary. Example answers:
    a) Ich verstehe mich gut mit meinem / meiner xxx weil er / sie xxx ist. [2]
    b) Ich verstehe mich gut mit meinem / meiner xxx weil er / sie xxx ist. [2]
    c) Ich streite mich oft mit meinem / meiner xxx weil er / sie xxx ist. [2]

4. Meine beste Freundin ist schlank und etwas kleiner als ich. [1]
    Sie hat blaue Augen und blonde Haare. [1]
    Wir kennen uns seit fünf Jahren. [1]
    Sie ist immer treu und nie neidisch oder schlecht gelaunt. [1]
    Wir haben viel gemeinsam. [1]
    Wir mögen die gleichen Fernsehsendungen. [1]
    Wir haben auch den gleichen Humor. [1]
    Wir treffen uns immer am Wochenende. [1]

5. Answers will vary. Example answer:
    Meine beste Freundin heißt Molly. Sie hat braune Augen und kurze Haare. Sie ist immer freundlich und nicht schüchtern. Wir haben viel gemeinsam.
    (More details welcome!) [10]

6. a) Ich möchte lieber ledig bleiben. [1] I'd prefer to stay single. [1]
    b) Ich möchte eines Tages heiraten. [1] I'd like to get married one day. [1]
    c) Eine Ehe endet oft mit Scheidung. [1] A marriage often ends in divorce. [1]
    d) Eine Ehe ist sicherer als Zusammenleben. [1] Marriage is more secure than living together. [1]
    e) Meine Eltern sind geschieden aber sie verstehen sich gut. [1] My parents are divorced but they get on well. [1]
    f) Meine Freundin hat sich verlobt. Sie heiratet bald. [1] My friend has got engaged. She's getting married soon. [1]

Technology in Everyday Life
Pages 6–7: Social Media & Mobile Technology

1. a) Ich verbringe [1] viel Zeit online.
    b) Ich besuche [1] täglich meine Lieblingswebseiten.
    c) Wir schicken [1] und empfangen [1] E-Mails.
    d) Paula bleibt [1] mit ihren Freunden in Kontakt.
    e) Ich lade [1] Musik herunter [1].
    f) Das Internet hilft [1] mit meinen Hausaufgaben.

2. Answers will vary but check that the verb is second. Example answer: Jeden Tag lade ich Musilk herunter. [5]

3. a) Man muss regelmäßig das Passwort ändern. [2]
    b) Man darf das Passwort nicht verraten. [2]
    c) Man muss vorsichtig sein. [2]
    d) Man darf sich nicht mit fremden Leuten unterhalten. [2]
    e) Man muss ein Virenschutzprogramm installieren. [2]

4. a) Ben [1]
    b) Charlotte [1]
    c) Leon [1]
    d) Lena [1]
    e) Peer [1]
    f) Jonas [1]
    g) Mia [1]
    h) Sofia [1]

5. a) One advantage of mobile technology is that you can keep up to date. [2]
    b) You can find out information but the technology changes quickly. [2]
    c) I chat with my friends because I find their opinions interesting. [2]
    d) Yesterday I used the internet to help me with my homework. [2]

Free-time Activities
Pages 8–9: Music & Cinema and TV

1. Hörst du oft Musik? – Ja, ich lade jeden Tag Musik auf mein Handy herunter. [1]
    Was für Musik hörst du am liebsten? – Ich interessiere mich für klassische Musik, weil ich sie so beruhigend finde. [1]
    Hast du einen Lieblingssänger oder eine Lieblingssängerin? – Mein Lieblingssänger ist James Bay und meine Lieblingssängerin ist Paloma Faith. [1]
    Warum magst du diese Musik? – Er hat eine schöne Stimme und tolle Haare und sie schreibt tolle Lieder. [1]
    Warst du schon mal auf einem Musikfestival? – Ja, letztes Jahr war ich auf dem Lorelei-Festival in Süddeutschland. [1]

2. Yes, I download music onto my phone every day. [1]
    I'm interested in classical music because I find it so calming. [1]
    My favourite male singer is James Bay and my favourite female singer is Paloma Faith. [1]
    He has a nice voice and good hair and she writes great songs. [1]
    Yes, last year I was at the Lorelei Festival in South Germany. [1]

3. Answers will vary. Example answers:
    a) Ich höre gern [Musik], weil … (verb at end) [1]
    b) Ich höre lieber [Musik], weil … (verb at end) [1]
    c) Ich höre am liebsten [Musik], weil … (verb at end) [1]
    d) Ich höre nicht gern [Musik], weil … (verb at end) [1]
    e) Ich interessiere mich nicht für [Musik], weil … (verb at end) [1]

4. Meine Familie hört sehr gern Musik, *aber* [1] unser Geschmack ist unterschiedlich. Mein Vater war schon immer *Fan* [1] von Bap. Das ist eine *deutsche* [1] Band aus Köln, aber ich *finde* [1] sie total altmodisch. Letztes *Jahr* [1] waren wir alle auf dem Big Gig Festival in Hamburg, aber ich habe Bap *langweilig* [1] gefunden und habe mit meiner *Schwester* [1] die Rapgruppen gehört. Wir haben den *Rhythmus* [1] viel besser gefunden. Wir sind keine musikalische *Familie* [1]. Meine Mutter spielt Klavier, *obwohl* [1] mein Vater sagt, dass sie furchtbar spielt!

5. Answers will vary. Example answers:
   a) Ich sehe lieber [Filme], weil / obwohl … (verb at end) [2]
   b) Manchmal sehe ich gern [Sendungen], weil / obwohl … (verb at end) [2]
   c) Ich sehe [Filme / Sendungen] nie, weil / obwohl … (verb at end) [2]
   d) Meine Lieblingsfilme sind [Filme], weil / obwohl … (verb at end) [2]
   e) Meine Lieblingssendungen sind [Sendungen], weil / obwohl … (verb at end) [2]

6. a) Man muss die langweilige Werbung sehen. [1] You have to watch the boring adverts. [1]
   b) Die Karten werden immer teurer. [1] The tickets are getting more and more expensive. [1]
   c) Die Spezialeffekte sind besser auf der großen Leinwand. [1] The special effects are better on the big screen. [1]

Pages 10–11: Food and Eating Out, Sport & Customs and Festivals

1. a) Ich möchte ein Kilo Karotten bitte. [2]
   b) Gerne. Bitte schön. [2]
   c) Haben Sie auch Gouda-Käse? [2]
   d) Natürlich. Wie viel möchten Sie? [2]
   e) Acht Scheiben bitte. [2]
   f) Sonst noch etwas? [2]
   g) Nein danke. Was macht das? [2]
   h) Das macht zwei Euro fünfzig. [2]

2. a) Vanilleeis [1]
   b) Erdbeertorte [1]
   c) Thunfischsalat [1]
   d) Bockwurst [1]
   e) Sahne [1]
   f) Lachs [1]
   g) Schweinefleisch [1]
   h) Kartoffelsuppe [1]
   i) Obstsalat [1]
   j) Hähnchen

3. Answers will vary. Make sure the perfect tense has been used. Example answer: Wir haben Hähnchen gegessen, aber es hat nicht geschmeckt. [4]

4. a) When I was young I went hiking every day. [2]
   b) When I was fifteen I often went to the ice rink. [2]
   c) Back then I always went swimming but nowadays I prefer to stay at home. [2]
   d) I used to play football every Saturday but now I'm too lazy! [2]
   e) I want to try winter sports, even though they are dangerous. [2]

5. a) Ich spiele Hockey im Sportzentrum. [2]
   b) Früher bin ich oft angeln gegangen. [2]
   c) Heutzutage fahre ich gern Skateboard. [2]

   d) Früher bin ich am Wochenende Schlittschuh gelaufen, aber jetzt finde ich Mannschaftssport besser. [2]
   e) Wir möchten Extremsport probieren. [2]

6. Answers will vary. Check that the verb comes second in the sentence and that, after **dass**, the verb is at the end. Example answer: Ich finde, dass Fasching altmodisch, aber auch lustig ist. [10]

Environment and Social Issues
Pages 12–13: At Home, Where I Live & Town or Country

1. Wohnst du in der Stadt oder auf dem Land? – Ich wohne in der Stadtmitte. [1]
   Was gibt es in deiner Stadt? – Es gibt ein Einkaufszentrum und eine große Bücherei. [1]
   Wo möchtest du lieber wohnen? – Ich liebe es in der Stadt zu wohnen, aber ich möchte auf das Land ziehen. [1]
   Wie ist das Leben auf dem Land? – Es ist zu ruhig und man muss mit dem Auto fahren um Freunde zu sehen. [1]
   Wie viele Zimmer gibt es in deinem Haus? – Oben gibt es vier Zimmer: das Badezimmer, das Zimmer meiner Eltern, das Zimmer meines Bruders und mein Zimmer. [1]
   Was braucht deine Stadt? – Es gibt nichts für junge Leute. Wir brauchen ein Kino. [1]

2. a) Ich wohne in einem großen [1] Haus.
   b) Es gibt [1] acht Zimmer.
   c) Das Wohnzimmer ist neben [1] der Küche.
   d) In meinem Zimmer habe ich eine große [1] Kommode.
   e) Ich putze [1] mein Zimmer jede Woche.
   f) Es gibt Bilder an [1] der Wand.

3. Answers will vary. Example answers:
   Ich habe bei McDonalds gegessen [2]
   Ich bin in die Bücherei gegangen [2]
   Ich habe ein Kleid gekauft [2]
   Ich habe meine Tasche verloren [2]
   Ich habe mich mit meinen Freunden getroffen [2]

4. a) Katja [1]
   b) Hans [1]
   c) Silke [1]
   d) Johannes [1]
   e) Brigitte [1]
   f) Boris [1]

5. a) Mein Zimmer ist immer ordentlich. [2]
   b) Oben gibt es drei Schlafzimmer. [2]
   c) Das Badezimmer ist neben meinem Zimmer / Schlafzimmer. [2]
   d) Es gibt kein Einkaufszentrum, aber das Parken ist kostenlos. [2]
   e) Es gibt weniger Verkehr auf dem Land als in der Stadt. [2]

Pages 14–15: Charity and Voluntary Work & Healthy and Unhealthy Living

1. Answers will vary. Example answers:
   Ich möchte Obdachlosen helfen [1]
   Ich würde gern Freiwilligenarbeit machen [1]
   Ich werde alten Menschen helfen [1]
   Ich möchte warme Mahlzeiten liefern [1]
   Ich würde gern Medikamente verteilen [1]

2. Answers will vary. Example answers:
   Ich möchte Obdachlosen helfen. [1] I would like to help the homeless. [1]

Ich würde gern Freiwilligenarbeit machen. **[1]** I would like to do voluntary work. **[1]**

Ich werde alten Menschen helfen. **[1]** I will help old people. **[1]**

Ich möchte warme Mahlzeiten liefern. **[1]** I would like to deliver warm meals. **[1]**

Ich würde gern Medikamente verteilen. **[1]** I would like to distribute medicines. **[1]**

3. a) Man soll gesund essen. **[1]**
   b) Ich bin ziemlich gesund, weil ich viel Obst und Gemüse esse. **[1]**
   c) Ich bleibe fit, da ich genug Sport treibe. **[1]**
   d) Meine Gesundheit ist mir sehr wichtig. **[1]**

4. Ich schlafe gut. **[1]**
   Ich trainiere zweimal pro Woche. **[1]**
   Ich esse viel Obst. **[1]**
   Man muss wenig Fett essen. **[1]**
   Zigaretten können töten. **[1]**
   Man soll nicht rauchen. **[1]**

5. a) distributed medicines **[1]**
   b) help the Red Cross in Africa **[1]**
   c) delivers warm meals and drinking water to the homeless **[1]**

6. a) Ich schlafe gut. **[2]**
   b) Ich esse keine ungesunde Mahlzeiten. **[2]**
   c) Ich trinke genug Wasser. **[2]**
   d) Mein Vater hat aufgehört zu rauchen. **[2]**
   e) Meine Schwester trainiert jeden Tag im Fitnessstudio. **[2]**

Pages 16–17: The Environment & Poverty and Homelessness

1. a) We must not waste our natural resources. **[2]**
   b) It is important to protect our environment through recycling. **[2]**
   c) I think we should encourage everyone to collect, sort and recycle waste. **[2]**
   d) I think that we use too much energy nowadays/ I think too much energy is used nowadays. **[2]**
   e) In my opinion, water pollution is the biggest problem globally. **[2]**

2. a) Es gibt auf den Straßen zu viel Müll/zu viel Müll auf den Straßen. **[2]**
   b) Soweit es mich betrifft, ist die Abholzung sehr beunruhigend. **[2]**
   c) Wir machen, was wir können, um die Umwelt zu schützen. **[2]**

3. a) 20% **[1]**
   b) 25% **[1]**
   c) 15% **[1]**
   d) 10% **[1]**
   e) 5% **[1]**

4. a) Es gibt immer mehr Leute, die arbeitslos sind. **[1]** There are more and more people who are unemployed. **[1]**
   b) Die Anzahl der Obdachlosen in meiner Stadt wächst schnell. **[1]** The number of homeless people in my town is growing quickly. **[1]**
   c) In meiner Stadt kann man eine Zunahme der Armut sehen. **[1]** In my town, you can see an increase in poverty. **[1]**
   d) Die Kriminalität hat überall stark zugenommen. **[1]** Crime has increased a lot everywhere. **[1]**

5. Heutzutage **[1]** in meiner Stadt gibt es immer mehr **[1]** Menschen, die arbeitslos sind **[1]** und haben auch kein **[1]**

Zuhause. Vorher war Kriminalität das **[1]** größte Problem. Die Polizei war sehr aktiv **[1]** und löste das Problem weitgehend. Leider wird die Anzahl der Arbeitslosen und Obdachlosen steigen **[1]**, wenn nichts getan wird. Ich hoffe, die Regierung kann etwas tun, um dieses Problem zu lösen **[1]**.

Travel and Tourism
Pages 18–19: Travel and Tourism 1, 2 and 3

1. a) Max **[1]**
   b) Jens **[1]**
   c) Max **[1]**
   d) Sabine **[1]**
   e) Kristina **[1]**

2. a) Georg **[1]**
   b) Ada **[1]**
   c) Gabi **[1]**
   d) Bernd **[1]**
   e) Nadine **[1]**

3. a) F **[1]**
   b) F **[1]**
   c) R **[1]**
   d) F **[1]**
   e) R **[1]**

4. a) Next year, I would like to go camping in the countryside with my friends. **[1]**
   b) Usually, my family and I go to Italy for two weeks. **[1]**
   c) Last year, I stayed in a youth hostel in Munich. **[1]**
   d) Three years ago, we stayed in a 4-star hotel by the sea. **[1]**
   e) Last summer, we were in Spain and we went walking on the beach every day. **[1]**

Studies and Employment
Pages 20–21: My Studies and Life at School

1.

	Lieblingsfach – jetzt	Lieblingsfach – in der Vergangenheit
Jens	Erdkunde **[1]**	Kunst **[1]**
Rebecca	Geschichte **[1]**	Naturwissenschaften **[1]**
Zak	Sport **[1]**	Mathe **[1]**

2. a) Ich **[1]** stehe **[1]** auf **[1]**.
   b) Ich **[1]** wache **[1]** um **[1]** sieben Uhr **[1]** auf **[1]**.
   c) Ich **[1]** ziehe **[1]** mich **[1]** um Viertel **[1]** nach **[1]** sieben an **[1]**.
   d) Ich **[1]** bürste **[1]** mir die **[1]** Zähne **[1]** um **[1]** halb **[1]** acht.
   e) Ich **[1]** gehe **[1]** zu Fuß **[1]** in **[1]** die Schule.
   f) Ich **[1]** fahre **[1]** nie mit **[1]** dem **[1]** Fahrrad **[1]** in die Schule **[1]**.
   g) Ich **[1]** ziehe **[1]** mich **[1]** nach **[1]** der **[1]** Schule um **[1]**.
   h) Ich **[1]** bekomme **[1]** immer **[1]** viel **[1]** Hausaufgaben.

3. Was ist dein Lieblingsfach? – Deutsch gefällt mir sehr. **[1]**
   Was lernst du nicht gern? – Informatik kann ich nicht leiden. **[1]**
   Wie oft hast du Mathe? – Dreimal in der Woche. **[1]**
   Welches Fach hast du gewählt? – Mein Wahlfach ist Religion. **[1]**
   Wer ist dein(e) Lieblingslehrer(in)? – Frau Weber, da sie so gerecht ist. **[1]**

Wie findest du Kunst? – Sehr kompliziert, denn ich bin nicht kreativ. **[1]**

4. Wilkommen an unserer Schule! Es gibt ungefähr zweitausend Schüler **[1]** hier, und da es ein Internat **[1]** ist, wohnen wir alle hier zusammen, was eine Menge Spaß macht! Obwohl der Schultag um halb vier endet **[1]**, haben wir eine große Auswahl an AGs **[1]** und es gibt etwas für jeden, zum Beispiel habe ich gestern die Musikgruppe **[1]** besucht, und morgen werde ich an der Lesegruppe in der Bibliothek **[1]** teilnehmen. Meiner Meinung nach können die Lehrer ein bisschen zu streng **[1]** sein aber im Großen und Ganzen sind die Unterrichte sehr interessant **[1]**.

Studies and Employment
Pages 22–23: Education Post-16 & Career Choices and Ambitions
1. Man muss immer gut zuhören, wenn der Lehrer spricht. **[1]**
   Man muss sitzenbleiben, wenn man schlechte Noten bekommt. **[1]**
   Wir müssen nachsitzen, wenn wir zu viel schwätzen. **[1]**
   Es ist verboten, blau zu machen. **[1]**
   Es ist erlaubt, Handys in der Pause zu benutzen. **[1]**
   Wir müssen fragen, wenn wir etwas nicht verstehen. **[1]**

2. a) Moritz **[1]**
   b) Elisa **[1]**
   c) Annie **[1]**
   d) Elisa **[1]**
   e) Fabian **[1]**
   f) Annie **[1]**

3.

	Accept	Reject	Mark
Meine Mutter ist Beamtin,	My mum / mother is a civil servant		1
aber das ist nicht mein Traumberuf,	but that is not my dream job		1
da ich im Freien arbeiten möchte,	because I would like to work outside / outdoors		1
zum Beispiel als Gärtner.	for example / e.g. as a gardener.		1
Als ich jünger war,	When I was younger,		1
wollte ich Tierarzt werden,	I wanted to work as / become / be a vet		1
aber leider bin ich allergisch gegen Katzen!	but unfortunately I am allergic to cats!	allergic against	1
Nächstes Jahr werde ich einen Teilzeitjob suchen,	Next year I will / am going to look for a part time job	seek	1
um Geld zu verdienen.	(in order) to earn money.		1

4. a) Tobias **[1]**
   b) Veronika **[1]**
   c) Max **[1]**
   d) Ben **[1]**
   e) Christina **[1]**
   f) Elise **[1]**

5. a) 38% **[1]**
   b) 62% **[1]**
   c) 59% **[1]**
   d) 27% **[1]**
   e) 44% **[1]**
   f) 85% **[1]**

Grammar 1
Pages 24–25: Gender, Plurals and Articles & Cases
1. a) Zimmer **[1]**, b) Tische **[1]**, c) Gläser **[1]**, d) Hunde **[1]**, e) Tage **[1]**, f) Städte **[1]**, g) Brüder **[1]**, h) Dörfer **[1]**, i) Hamburger **[1]**, j) Freundinnen **[1]**, k) Handys **[1]**, l) Hände **[1]**, m) Autos **[1]**, n) Partys **[1]**, o) Studenten **[1]**

2. a) Die **[1]** Wurst ist fettig.
   b) Die **[1]** Künstlerin spielt gut.
   c) Der **[1]** Zug ist spät angekommen.
   d) Die **[1]** Bibliothek ist voll.
   e) Der **[1]** Schrank ist braun.
   f) Der **[1]** Lehrer unterrichtet Englisch.
   g) Das **[1]** Fest ist am 14. Februar.
   h) Die **[1]** Arbeit war schwer.
   i) Der **[1]** Verkehr ist laut.
   j) Das **[1]** Stadion ist alt.

3. a) Möchtest du die **[1]** Butter?
   b) Ich finde die **[1]** Sendung furchtbar.
   c) Nimmst du den **[1]** Kartoffelsalat?
   d) Wer hat die **[1]** Kreditkarte verloren?
   e) Hast du den **[1]** Fernsehturm gesehen?
   f) Wir haben das **[1]** Doppelzimmer genommen.
   g) Er hat die **[1]** Arbeit schwer gefunden.
   h) Wie findest du das **[1]** Computerspiel?
   i) Ich habe das **[1]** Andenken gekauft.
   j) Hast du den **[1]** Chef gesehen?

4. a) Ich höre einen **[1]** Vogel.
   b) Hast du ein **[1]** Handy?
   c) Alex hat eine **[1]** Schwester.
   d) Ich nehme eine **[1]** Dose Erbsen.
   e) Ich möchte eine **[1]** Einladung zur Party.
   f) Gibt es einen **[1]** Dom in dieser Stadt?
   g) Haben Sie einen **[1]** Hund?
   h) Hast du ein **[1]** Interview gehabt?

5. a) Er schenkt seinem **[1]** Lehrer einen Apfel.
   b) Sie schenkt ihrer **[1]** Lehrerin eine Apfelsine.
   c) Ich gebe meiner **[1]** Mutter ein Geschenk.
   d) Schreibst du deinem **[1]** Onkel?

6. a) das Ende der **[1]** Straße
   b) die Räder meines **[1]** Rads
   c) der Anfang des **[1]** Sommers
   d) der Geschmack des **[1]** Essens
   e) die Katze meiner **[1]** Freundin
   f) das Büro des **[1]** Direktors

Pages 26–27: Adjectives and Adverbs & Prepositions
1. a) Nominative: ein blöder **[1]** Film
   b) Accusative: eine lange **[1]** Pause
   c) Dative: einem großen **[1]** Problem
   d) Nominative: ein interessantes **[1]** Fach

e) Accusative: eine lange **[1]** Straße
f) Dative einem netten **[1]** Franzosen
g) Nominative: ein schweres **[1]** Betriebspraktikum
h) Accusative: eine blaue **[1]** Handtasche
i) Dative: einem vollen **[1]** Bus

2.
a) billiger **[1]**
b) einfacher **[1]**
c) lauter **[1]**
d) besser **[1]**
e) größer **[1]**
f) jünger **[1]**
g) länger **[1]**
h) schneller **[1]**
i) cooler **[1]**
j) kleiner **[1]**

3.
a) ein Pferd läuft langsam **[1]**
b) ein Mensch läuft langsamer **[1]**
c) eine Schildkröte läuft am langsamsten **[1]**
d) Ich stehe früh **[1]** auf
e) Mutti steht früher **[1]** auf
f) Vati steht am frühsten **[1]** auf

4.
a) durch die **[1]** Stadt
b) ohne meine **[1]** Schwester
c) ohne mein **[1]** Rad
d) um die **[1]** Ecke
e) für meinen **[1]** Freund
f) für meine **[1]** Freundin

5. Followed by the accusative: für, durch, um **[3]**
Followed by the dative: aus, bei, mit, seit, nach **[5]**
Followed by either the accusative or the dative:
in, vor, unter, auf, hinter **[5]**
Followed by the genitive: trotz, wegen, während **[3]**

6.
a) wegen des **[1]** Wetters
b) trotz des **[1]** Regens
c) während der **[1]** Stunde

7.
a) durch eine **[1]** Stadt
b) für meine **[1]** Schwester
c) in unserem **[1]** Haus
d) mit keinem Ketchup / ohne **[1]** Ketchup
e) in der **[1]** Straßenbahn
f) nach der **[1]** Party
g) von unserem **[1]** Onkel
h) um die **[1]** Ecke
i) ohne seine **[1]** Tasche
j) in der **[1]** Sonne

Grammar 2
Pages 28–29: Pronouns and Present Tense Verbs 1
1. a) man **[1]**, b) sie **[1]**, c) Sie **[1]**, d) ihr **[1]**,
e) wir **[1]**, f) du **[1]**

2.
a) Kommst du zu mir **[1]**?
b) Ich gebe ihm **[1]** die Hand.
c) Ich gebe Ihnen **[1]** meine Adresse.
d) Unsere Freunde haben uns **[1]** eine E-Mail geschickt.
e) Ich schicke dir **[1]** eine Postkarte.
f) Bist du mit ihr **[1]** in die Stadt gegangen?

3.
a) mit ihm **[1]**
b) mit uns **[1]**
c) zu mir **[1]**
d) sie **[1]**
e) ihr **[1]**
f) sie **[1]**

g) Sie **[1]**
h) Ihnen **[1]**

4.
a) ihr spielt **[1]**
b) du machst **[1]**
c) sie bleibt **[1]**
d) ihr geht **[1]**
e) Timo kommt **[1]**
f) wir steigen **[1]**
g) er kommt **[1]**
h) sie fliegt **[1]**
i) sie trinken **[1]**
j) wir sagen **[1]**

5.
a) Wir steigen am Bahnhof aus **[1]**?
b) Wir stehen früh auf **[1]**.
c) Was ziehst du an **[1]**?
d) Ich komme mit **[1]**.
e) Heute sehen wir fern **[1]**.
f) Ich ziehe mich aus **[1]**, bevor ich ins Bett gehe.

6.
a) Wir sehen selten fern. **[1]**
b) Wo steigt man ein? **[1]**
c) Ich lade oft Filme herunter. **[1]**
d) Klaus steht um 6 Uhr auf. **[1]**
e) Wo steigen wir um? **[1]**

Pages 30–31: Present Tense Verbs 2 and Perfect Tense Verbs
1.
a) sie müssen **[1]**
b) er mag **[1]**
c) ich kann **[1]**
d) er darf **[1]**
e) sie wollen **[1]**
f) du magst **[1]**
g) wir wollen **[1]**
h) ihr dürft **[1]**

2.
a) Ich gehe in die Stadt, um Essen zu kaufen. **[1]**
b) Wir fahren nach Ibiza, um Urlaub zu machen. **[1]**
c) Klaus bleibt zu Hause, um Hausaufgaben zu machen. **[1]**
d) Wir recyceln Plastik, um die Umwelt zu schonen. **[1]**
e) Man geht in die Schule, um Mathematik zu lernen. **[1]**
f) Du fährst mit dem Zug, um nach Hamburg zu kommen. **[1]**

3.
a) Hast du meine Schwester gesehen? **[1]**
b) Hast du mein Handy genommen? **[1]**
c) Wir haben uns in der Stadt getroffen. **[1]**
d) Oskar hat ein neues Auto gekauft. **[1]**
e) Wie hast du das Konzert gefunden? **[1]**
f) Meine Eltern haben gut gegessen. **[1]**
g) Haben Sie gut geschlafen? **[1]**
h) Die Mannschaft hat gut gespielt. **[1]**

4.
a) geflogen **[1]**
b) gestorben **[1]**
c) gewesen **[1]**
d) geblieben **[1]**
e) gekommen **[1]**
f) gelaufen **[1]**
g) gefahren **[1]**
h) gegangen **[1]**

5.
a) Wir haben uns am Marktplatz getroffen. **[1]**
b) Hast du dich schon gewaschen? **[1]**
c) Ich habe mich heute morgen nicht rasiert. **[1]**
d) Die Kinder haben sich amüsiert. **[1]**

6.
a) Wir haben noch nicht abgewaschen. [1]
b) Wann seid ihr angekommen. [1]
c) Der Film hat um 20 Uhr angefangen. [1]
d) Hast du gestern ferngesehen? [1]

7.
a) Wann bist du angekommen? [1]
b) Was haben sie gefunden? [1]
c) Wir haben uns hingesetzt. [1]
d) Ich habe einen Kuchen gekauft. [1]
e) Ergül hat Klaviert gespielt. [1]
f) Saskia hat ihre Hausaufgaben vergessen. [1]
g) Er hat hallo gesagt. [1]
h) Hast du Harry Potter gelesen? [1]

Pages 32–33: Imperfect Tense Verbs and Future Time Frame

1.
a) Er sprach [1] laut.
b) Wir standen [1] vor der Kirche.
c) Ich war [1] krank.
d) Die Teenager tranken [1] zu viel.
e) Ich sah [1] meinen Bruder.
f) Sie fuhren [1] in die Berge.
g) Wir hatten [1] Kopfschmerzen.
h) Warst [1] du schon oft hier?
i) Der Einbrecher nahm [1] €1000 aus dem Geldschrank.
j) Ich konnte [1] nicht gut schlafen.

2.
a) Ich gehe bald nach Hause. [1]
b) Wir gehen am Freitag ins Kino. [1]
c) Leon spielt heute Abend Tischtennis. [1]
d) Meine Eltern besuchen uns morgen. [1]
e) Ich mache um 7.30 Frühstück. [1]

3.
a) Ich werde bald nach Hause gehen. [1]
b) Wir werden am Freitag ins Kino gehen. [1]
c) Leon wird heute Abend Tischtennis spielen. [1]
d) Meine Eltern werden uns morgen besuchen. [1]
e) Ich werde um 7.30 Frühstück machen. [1]

4.
a) Das fand ich gut. [1]
b) Ich sagte nichts. [1]
c) Ali kam mit. [1]
d) Wir hatten Spaß. [1]
e) Peter war im Krankenhaus. [1]
f) Es gab viel zu sehen. [1]
g) Sie hatte keine Zeit. [1]
h) Was musstest du machen? [1]

5.
a) ich musste [1]
b) wir wollten [1]
c) ihr solltet [1]
d) er mochte [1]
e) du konntest [1]
f) man durfte [1]

6.
a) F [1]
b) F [1]
c) P [1]
d) P [1]
e) F [1]
f) P [1]

7. Answers will vary. Example answers:
a) Wenn ich mehr Geld hätte, würde ich… [1]
b) Wenn ich mehr Zeit hätte, würde ich… [1]
c) Wenn ich nicht so faul wäre, würde ich… [1]

Pages 34–35: Pluperfect Tense, Subjunctive Mood and Imperative & Word Order and Conjunctions

1.
a) Sie sind ins Wohnzimmer gegangen, nachdem sie gegessen hatten [1].

b) Er war [1] krank gewesen.
c) Peter hatte [1] schon oft Muscheln gegessen.
d) Ich war [1] noch nie in die Oper gegangen.
e) Birgit hatte [1] ihre Kreditkarte vergessen.
f) Ich bin ins Bett gegangen, nachdem ich geduscht hatte [1].

2.
a) Ulla fährt nächste Woche nach Spanien. [1]
b) Er geht jeden Tag in die Schule. [1]
c) Ich war letzte Woche in Kiel. [1]
d) Letzte Woche war ich in Kiel. [1]
e) Das Auto fuhr langsam die Straße entlang. [1]
f) Am Freitag geht Harry zum Zahnarzt. [1]
g) Harry geht am Freitag zum Zahnarzt. [1]
h) Wir essen immer gern Obst. [1]
i) Wir essen immer gut in Frankreich. [1]
j) Ich arbeite jeden Tag in einem Geschäft. [1]

3.
a) Asma hatte Abitur gemacht. [1]
b) Ich hatte ein Computerspiel heruntergeladen. [1]
c) Wir waren zur Haltestelle gegangen. [1]
d) Er war noch nie nach Frankreich gefahren. [1]
e) Ich hatte eine E-Mail geschickt. [1]
f) Aktar war nicht gekommen. [1]
g) Man hatte ein Problem gehabt. [1]
h) Wir hatten Freunde eingeladen. [1]

4.
a) Asma had done A-levels (Abitur). [1]
b) He had downloaded a computer game. [1]
c) We had gone to the bus stop. [1]
d) He had never travelled to France. [1]
e) I had sent an email. [1]
f) Aktar hadn't come. [1]
g) There had been a problem. [1]
h) We had invited friends. [1]

5.
a) Jeden Tag fahre ich mit dem Bus in die Stadt. [1]
b) Leider ist meine Mutter krank. [1]
c) Hier darf man nicht parken. [1]
d) Gestern ist Mark zum Zahnarzt gegangen. [1]
e) Am Freitag haben wir Pommes mit Ketchup gegessen. [1]
f) Letztes Jahr ist Aisa nach Amerika gefahren. [1]

6.
a) Ich fahre jeden Tag mit dem Rad zur Schule. [1]
b) Wirst du am Wochenende mit mir zum Schwimmbad kommen? [1]
c) Wir sehen oft im Wohnzimmer fern. [1]
d) Mehmet spielt oft im Jugendklub Tischtennis. [1]
e) Mein Vater arbeitet jeden Tag hart im Büro. [1]
f) Willst du heute Abend mit mir im Restaurant Pizza essen? [1]

Pages 36–47
Higher Tier Paper 1 Listening – Mark Scheme
Section A Questions and answers in English

01	In any order: A		[1]
	B		[1]
	D		[1]
02.1	The conservatory		[1]
02.2	It's always light / the windows / light (not lights) make(s) his photos better		[1]
03.1	(low) grades / pressure to achieve good grades		[1]
03.2	undecided / (lack of / no) future plans		[1]
03.3	bullying / mean classmates		[1]
04	Past:	Secretary	[1]
	Future:	Lawyer	[1]
05	Past:	Fireman / fighter	[1]
	Present:	Businessman	[1]
06.1	B		[1]
06.2	E		[1]

06.3	A	[1]
07.1	She was near the front / She had a good view	[1]
07.2	Chatting to / Meeting her favourite group	[1]
07.3	One from: The cheap tickets were sold out She couldn't afford expensive tickets	[1]
07.4	Her mum's friend got (2) tickets Her mum gave her them as a birthday gift	[1] [1]
08.1	His father won't let him see his girlfriend	[1]
08.2	His brother is treated differently / his brother can do what he wants [even though he is younger]	[1]
08.3	One from: he is selfish / mean	[1]
08.4	Holidays together	[1]
08.5	They never argue	[1]
09.1	N	[1]
09.2	P	[1]
09.3	P+N	[1]
09.4	P	[1]
10.1	A	[1]
10.2	C	[1]
10.3	A	[1]
11.1	C	[1]
11.2	C	[1]
11.3	There is more / lots to do	[1]
12	B	[1]
13.1	C	[1]
13.2	D	[1]
13.3	A	[1]

Section B Questions and answers in German

14.1	82	[1]
14.2	57	[1]
14.3	5	[1]
14.4	66	[1]
15.1	P	[1]
15.2	N	[1]
15.3	P+N	[1]
16	In any order: B [1], C [1], D [1]	

Pages 48–50
Higher Tier Paper 2 Speaking – Mark Scheme
Role-play
Your teacher will start the role-play by saying an introductory text such as:
Sie sind in einem Hotel in Deutschland. Ich bin die Person an der Hotelrezeption.

1. Teacher: **Guten Tag, wie kann ich Ihnen helfen?**
   Hello, how can I help you?
   Student: **Ich möchte ein Zimmer für zwei Personen, bitte.**
   I would like a room for two people, please.
2. Teacher: **Was für ein Zimmer möchten Sie?**
   What sort of room would you like?
   Student: **Ein Doppelzimmer mit Bad, bitte.**
   A double room with a bathroom, please.

Tip
Make sure you include two elements as required in the question.

3. Unprepared question
   Teacher: **Wie lange bleiben Sie hier?**
   How long will you be staying here?
   Student: **Wir bleiben vier Nächte.**
   We are staying for four nights.
4. Teacher: **Und haben Sie schon Deutschland besucht?**
   And have you visited Germany before?

Student: **Ja, letztes Jahr bin ich nach Berlin geflogen, es war super.**
Yes, I flew to Berlin last year, it was great.

Tip
Make sure you use the correct tense and take care with the auxiliary verb.

5. Asking a question
   Student: **Gibt es ein gutes Restaurant hier in der Nähe?**
   Is there a good restaurant nearby?
   Teacher: **Ja, wir haben ein tolles italienisches Restaurant hier im Hotel.**
   Yes, we have a great Italian restaurant here in the hotel.

Tip
There will always be a question to ask, so ensure that you know to form open and closed questions.

Preparation tips
When you are preparing for your role-play consider:
- Whether you are using 'du' or 'Sie' (both in questions and answers)
- If you need to use a different tense
- What sort of '!' question could be possible in the context you are given

Photo Card
Example answers:
1st question
Auf dem Bild sehe ich eine große Familie in einem schönen Haus (vielleicht sind sie in der Küche oder im Esszimmer). In dieser Familie gibt es Eltern, Kinder und Großeltern. Sie sehen sehr glücklich aus, und im Hintergrund sieht man einen geschmückten Weihnachtsbaum, also muss es Winter und Weihnachtszeit sein. Es gibt viel Essen, zum Beispiel Gemüse und Pute. Meiner Meinung nach werden sie nach dem Essen Weihnachtsgeschenke austauschen.

Tip
Always give as much information as you can, using key phrases such as **'es gibt'**, **'ich sehe'**, **'man sieht'** etc. You can also make (educated!) guesses using words such as **'vielleicht'** (maybe) and **'meiner Meinung nach'** (in my opinion). For this photo, many words will start with some form of the word **'Weihnachten'** (Christmas) such as **'Weihnachtsbaum'** (Christmas tree), **'Weihnachtszeit'** (Christmas time) and **'Weihnachstgeschenke'** (Christmas presents).

2nd question
Ich finde es sehr wichtig, Feste zu feiern. Man kann Zeit mit Freunden und Familie verbringen, was immer schön ist. Viele Leute müssen nicht arbeiten, also ist man nicht so gestresst und man kann sich entspannen. Jedoch glauben manche, dass Feste zu kommerzialisiert sind und sie zu viel Geld kosten. Ich finde, dass Feste wie Halloween nur für Kinder sind und ich glaube, dass Valentinstag super langweilig ist.

Tip

It doesn't matter what you really think about the topic in question, and you don't need to have strong opinions about it, you just need to be able to discuss it in German in sufficient detail. Avoid vague answers such as 'I don't know'! You could expand your answer by discussing two different viewpoints, using connectives such as '**obwohl**' (although) and '**jedoch**' (however).

3rd question

Letztes Jahr war Weihnachten prima! Ich habe viel Zeit mit meiner Familie verbracht. Wir haben meine Großeltern in London besucht und meine Cousins sind auch gekommen. Es macht immer viel Spaß, denn wir sind sehr gute Freunde. Ich habe viele Geschenke bekommen, zum Beispiel ein neues Handy und ein tolles Buch, das ich sofort gelesen habe. Ich hatte zwei Wochen Schulferien also konnte ich viel schlafen!

Tip

There will always be a question requiring a tense other than the present tense – this question requires the perfect tense. There is also scope to use the imperfect here. You can add as many tenses as you like as long as they make sense, even if the question does not specifically ask for this information.

You will be asked two further questions, on the same topic. Other questions you might be asked are:
- Wie feierst du normalerweise deinen Geburtstag?
- Wie findest du Ostern?
- Was ist dein Lieblingsfest?
- Was isst du normalerweise zum Weihnachten?
- Ist es wichtig, Geschenke zu kaufen? Warum (nicht)?

Prepare your answers to these questions, too!

General Conversation
Theme 2: Local, national, international and global areas of interest
Aimed at Foundation level candidate – 3–5 minutes

Wo wohnst du?

Tip

This is quite a vague question, so use the opportunity to add as much detail as you can. Be descriptive by using a nice range of adjectives and some qualifiers such as very / quite / a little bit.

Ich wohne mit meinen Eltern und meinem Bruder in einem Doppelhaus in Nantwich – das ist eine mittelgroße Stadt in Nordwestengland. Ich liebe unser Haus, denn es ist gemütlich und ordentlich, obwohl es ein bisschen klein ist. Wir haben einen riesigen Garten, wo ich Fußball spiele, und das ist echt toll.

Was kann man in deiner Gegend machen?

Tip

Remember word order rules when using '**man kann**'. Give your opinion about the town's facilities and don't just give a list of nouns.

Hier gibt es nicht so viel für junge Leute. Obwohl meine Gegend super sauber ist, ist es leider ziemlich ruhig und langweilig. Man kann schwimmen gehen oder in den Cafés essen und trinken, und es gibt eine schöne Kirche, aber es gibt keine guten Geschäfte. Wir haben ein Kino, aber das ist nicht im Stadtzentrum. Schade!

Wo wirst du in der Zukunft wohnen?

Tip

This question elicits the future tense, but you can use a variety of ways alongside this tense to discuss the future – '**ich möchte**' (I would like), '**ich will**' (I want), '**ich plane**' (I plan), '**ich hoffe**' (I hope), '**ich beabsichtige**' (I intend). Remember to explain your future plans using connective such as 'because'.

In der Zukunft möchte ich in einer großen Stadt wohnen, da es viel mehr zu tun gibt. Ich habe vor, im Ausland zu wohnen, denn ich mag reisen. Ich werde an die Uni gehen und danach will ich einen guten Job in Deutschland oder in der Schweiz finden. Ich plane, in einer Wohnung mit meiner besten Freundin zu wohnen.

Bist du gesund?

Tip

Always add more tenses if you can, even if the question does not specifically ask for more than one time frame. Here, the candidate uses the imperfect, the perfect, the present and the future, as well as a very nice topic-specific noun (**Stubenhocker** = couch potato).

Nein! Ich esse zu viele Süßigkeiten und ich bin nie aktiv. Als ich jünger war, war ich sehr fit, und ich habe viel Sport getrieben, aber jetzt bin ich ein Stubenhocker! In der Zukunft will ich abnehmen, also werde ich zweimal in der Woche schwimmen gehen und mehr Obst und Gemüse essen.

Was hast du neulich gemacht, um umweltfreundlich zu sein?

Tip

This question elicits the perfect tense. Try to use both '**haben**' and '**sein**' auxiliary verbs to show off your range of vocabulary. You can also refer to other people so that you have a variety of verb forms.

Ich denke, ich bin sehr umweltfreundlich. Gestern habe ich den Müll getrennt, weil Recycling sehr wichtig ist. Letzte Woche bin ich mit dem Bus zur Schule gefahren, denn der öffentliche Verkehr ist umweltfreundlicher. Meine Familie kauft immer Energiesparlampen und wir benutzen keine Plastiktüten mehr.

Willst du in der Zukunft freiwillig arbeiten?

Tip

You don't need to have a strong opinion on every question you are asked, but it's not sufficient to say 'I don't know', or just give one word answers. For every topic you may be asked about, ensure you have considered a few key points to discuss.

Ja, denn es ist sehr wichtig, anderen Leuten zu helfen. Ich möchte in einem Kindergarten freiwillig arbeiten, weil ich Kinder mag. Ich werde später als Lehrer arbeiten und freiwillige Arbeit ist eine gute Erfahrung. Ich will auch den Obdachlosen Geld in meiner Stadt spenden.

Theme 3: Current and future study and employment
Aimed at Higher level candidate – 5–7 minutes

Was ist dein Traumberuf?

> **Tip**
> This is a good opportunity to use the conditional. Your answer here should include a lot of opinions, so make sure you explain them too.

Als ich jung war, war es immer mein Traum, als Feuerwehrmann / -frau zu arbeiten, denn es ist ein sehr interessanter Beruf. Aber jetzt ist das zu gefährlich für mich, deshalb will ich Geschäftsmann / -frau werden, und da ich sehr gern Deutsch spreche, möchte ich im Ausland arbeiten. Das wäre toll und hoffentlich würde ich viel Geld verdienen.

Sind Fremdsprachen wichtig?

> **Tip**
> If you get a question about language learning or speaking German, it's a good idea to be positive! Even if you find the subject hard, mention the advantages too.

In meiner Schule müssen wir eine Fremdsprache lernen, und ich habe Deutsch gewählt, denn es ist sehr nützlich und es fällt mir leichter als Spanisch oder Französisch. Ich finde Fremdsprachen äußerst wichtig, um mit Leuten rund um die Welt zu kommunizieren. Ich liebe Fremdsprachen!

Wirst du an die Uni gehen?

> **Tip**
> You may not have decided about future plans, but you will be expected to use the future tense and this type of question elicits this. Learn some more unusual set phrases such as '**ich habe vor**' (I plan), '**ich habe die Absicht**' (I have the intention) or '**ich beabsichtige**' (I intend).

Ich habe vor, an die Uni zu gehen, obwohl es ein bisschen teuer ist. Meine Eltern sagen, dass ich Mathe studieren soll, aber ich würde lieber Arzt / Ärztin werden und deshalb werde ich Naturwissenschaften studieren. Ich habe die Absicht, ein Jahr vor der Uni freizunehmen und ich beabsichtige, ein Arbeitspraktikum in einem Krankenhaus zu finden.

Wie findest du das Schulleben in Deutschland?

> **Tip**
> This question involves you demonstrating some cultural knowledge. You don't have to know loads about each topic, but where there are important differences (for example the school system or recycling in Germany) you are expected to be familiar with them.

Ich finde sitzenbleiben nicht gut! Es ist zu stressig für die Schüler. Zum Glück haben wir das hier in England nicht. Es gibt viele verschiedene Schulen in Deutschland und das ist sehr interessant. Sie müssen keine Schuluniform tragen und das ist bestimmt bequemer und einfacher als in meiner Schule. Auch gibt es manchmal keinen Unterricht nachmittags – das wäre toll!

Beschreib deine Schule.

> **Tip**
> This is a very vague, open-ended question, but don't fall into the trap of a simple, list-style answer. You must still develop your answer and use as much advanced language as possible.

Da wir viele neue Gebäude haben, sieht unsere Schule sehr modern aus. Natürlich gibt es viele Klassenzimmer und so weiter, aber was mir am besten gefällt, ist die Bibliothek, weil ich stundenlang dort lesen oder Hausaufgaben machen kann. Die Mensa in meiner Grundschule war echt mies, aber das Essen hier schmeckt mir viel besser – gestern habe ich Hähnchen mit Gemüse und Kartoffeln gegessen: super gesund und lecker schmecker!

Was sind die Vor- und Nachteile von Hausaufgaben?

> **Tip**
> If you are asked about advantages and disadvantages, it is important to cover both points of view. It doesn't matter which one you agree with, but you can include your own opinion and contrast it with other people's, using connectives such as '**jedoch**' (however) or phrases such as '**einerseits / andererseits**' (on the one hand/on the other hand).

Das ist eine interessante Frage! Es gibt viel Leistungsdruck in meiner Schule, und der Direktor und die Lehrer glauben, dass Hausaufgaben sehr wichtig sind. Es stimmt, dass die Hausaufgaben mir helfen, jedoch kann ich manchmal gestresst werden. Einerseits lernen wir viel mehr, aber andererseits haben wir nicht genug Freizeit und keine Zeit zum Entspannen. Ich finde, dass zu viele Hausaufgaben keine gute Sache ist.

Pages 51–64
Higher Tier Paper 3 Reading – Mark Scheme
Section A Questions and answers in English

01.1	B	[1]
01.2	D	[1]
01.3	C	[1]
02		

	One advantage	One disadvantage
Alya	any **one** from: • stay in contact with people / friends / family / acquaintances etc. • stay informed **[1]**	cyberbullying **[1]**
Marlene	any **one** from: • can share information • can show others your interests **[1]**	any **one** from: • children don't always know who they are speaking to • can lead to health problems • can become addictive • can make you lazy **[1]**

03	In any order: A **[1]**, E **[1]**, F **[1]**, H **[1]**
04.1	A chance to do something different / something outside of the ordinary **[1]**
04.2	To neighbouring / nearby countries or cities / towns **[1]**
04.3	Any one from: (plane / car) emissions, (plane / car) exhaust fumes, rubbish / waste from hotels **[1]**
04.4	It is too expensive / costs too much to travel [far from home / abroad], it's cheaper to stay at home **[1]**
04.5	C **[1]**
05.1	H **[1]**
05.2	U **[1]**
05.3	H+U **[1]**
05.4	H+U **[1]**
06.1	T **[1]**
06.2	F **[1]**
06.3	NT **[1]**
06.4	F **[1]**
06.5	F **[1]**
06.6	T **[1]**
07.1	Any two from: see a new country, get to know a new culture, learn a new language, make new friends, get to know new people **[2]**
07.2	Any two from: can cost a lot of money, can have language difficulties, can struggle with the classes, can become distracted e.g. through parties **[2]**
08.1	He / she / they enjoy(s) (breathing) the fresh air **[1]**
08.2	They prefer to spend time in front of a screen (accept reference to computer / TV etc.) **[1]**
08.3	Go for a walk (once a week) **[1]**

Section B Questions and answers in German

09.1	F **[1]**
09.2	F **[1]**
09.3	NT **[1]**
09.4	R **[1]**
09.5	R **[1]**
09.6	R **[1]**
09.7	F **[1]**
09.8	NT **[1]**
10.1	Any two from: reich / schön / gross **[2]**
10.2	Nachts / wenn es dunkel ist / wenn die Leute schlafen **[1]**
10.3	Any one from: Sie kochen / sie backen **[1]**
11.1	Er streitet mit den Eltern / es gibt Krach/Streit mit den Eltern **[1]**
11.2	Seine Eltern arbeiten / um Verantwortung zu lernen / Die Eltern sagen es ist ein Teil des Erwachsenlebens **[1]**
11.3	(Sie helfen) nie **[1]**
11.4	Er hat keine / nicht genug Zeit für Hausaufgaben / um Hausaufgaben zu machen **[1]**
11.5	Er ist krank / er hat nicht (gut) geschlafen **[1]**
11.6	(Zu) (seiner) Schwester **[1]**

Section C Translation into English
12

Obwohl es ruhig und ziemlich klein ist,	Although it is quiet and rather / quite small, **[1]**
liebe ich mein Dorf.	I love my village. **[1]**
Vor zwei Jahren	2 / two years ago **[1]**
war der öffentliche Verkehr furchtbar,	the public transport was dreadful / awful, **[1]**

und ich bin oft	and I was often / and I often arrived / came / got (if 'late' is at end of next sentence), **[1]**
spät in die Schule gekommen,	late to school, **[1]**
aber jetzt bin ich immer pünktlich.	but now I am always punctual / on time. **[1]**
Ich werde in den Bergen bei Wien wohnen,	I will live in the mountains around / near Vienna. **[1]**
wenn ich achtzehn bin.	when I am 18 / eighteen. **[1]**

Pages 65–68
Higher Tier Paper 4 Writing – Mark Scheme
Question 1
Example answer:
Ich liebe meine Familie und wir verstehen uns sehr gut. Meine Mutter ist sehr nett und sympatisch und ich verbringe gern Zeit mit meinem Vater, denn wir spielen Fußball und Schach zusammen. Familie ist mir super wichtig, weil meine Eltern immer Unterstützung geben und sie mir bei Problemen helfen. Letztes Wochenende sind wir nach London gefahren und wir haben viele interessante Sehenswürdigkeiten besucht – es war ein tolles Erlebnis. In der Zukunft will ich heiraten und dann drei Kinder haben, und ich werde ein riesiges Haus auf dem Land kaufen. **[16]**

Question 2

> **Tip**
> Even if the question doesn't specifically elicit tenses and opinions, you can presume that this is what the examiner is looking for to award high marks. Remember to include a range of time frames, and always justify your opinions.

Example answer:
Ich habe neulich eine Woche in Köln verbracht, und es hat mir sehr viel Spaß gemacht. Ich war mit meiner Schule dort, da ich an dem Schulaustausch teilgenommen habe, und mein Austauschpartner war zum Glück super freundlich. Köln habe ich sehr schön gefunden, und es gab viel zu tun und zu sehen. Obwohl es kalt und windig war, haben wir viele Weihnachtsmärkte besucht, und ich habe dort viele Andenken für meine Familie gekauft. Natürlich musste ich auch viel Deutsch sprechen, was manchmal schwierig war.
Da ich in einem kleinen Dorf wohne, war meine Woche in einer großen Stadt sehr interessant! Ich finde, dass Köln besser ist, weil die Busse und Züge immer pünktlich kommen und das passiert hier nicht. Es war auch sehr gut, viele Museen in der Nähe zu haben. Ein Nachteil war, dass es so viele Leute in der Stadtmitte gab, denn es ist hier viel ruhiger. **[32]**

Question 3
Example answer:
Wir müssen versuchen, die Umwelt zu schützen, und das Recycling / die Wiederverwertung ist wichtig, um umweltfreundlicher zu sein. Die Einwohner in meiner Stadt haben gelernt, den Müll zu trennen, obwohl wir zu viel wegwerfen. In der Zukunft werde ich keine Plastiktüten benutzen, und ich will den öffentlichen Verkehr öfter benutzen. **[12]**

Collins

GCSE
German

H

Higher Tier Paper 1 Listening Test Transcript

Section A   Questions and answers in **English**

01   **F1**   Wir wollten gestern die Burgruinen besuchen, und wir hatten alles im Voraus gebucht. Leider hatten wir eine Panne auf der Autobahn – wie schade!

M1   Die Fluglinie hat meinen Koffer verloren und noch nicht gefunden. Zum Glück war unser Fünf-Sterne-Hotel super einfach zu finden und die Zimmer sind riesig und sauber.

F1   Als ich im Zug war, hat jemand meine Reisetasche gestohlen. Meinen Ausweis, meine Fahrkarten, meine Straßenkarte – alles geklaut! Zum Glück war mein Geld in meiner Handtasche.

02   **M**   Mein altes Haus war in einer wunderbaren Stadt, aber wir sind neulich umgezogen und ich muss zugeben, dass unser neues Haus viel größer und schöner ist. Was ich am liebsten mag ist der Wintergarten, denn ich fotografiere gern und in diesem Zimmer gibt es viele Fenster, deshalb ist es immer hell und meine Fotos sind besser.

03   **M1**   Mensch, ist das Schulleben stressig! Was ich am schwierigsten finde, ist der Notendruck. Ich habe neulich eine Vier in allen meinen Fächern bekommen, obwohl ich auf eine Zwei gehofft hatte. Es war keine gute Überraschung.

F1   Meine Noten sind eigentlich ganz gut, aber ich bin momentan sehr gestresst, weil ich keine festen Pläne für die nächsten zwei Jahre habe. Ich hatte einen Termin mit der Berufsberaterin, aber sie hat mir nicht geholfen.

M2 Meine Eltern machen sich Sorgen darüber, dass ich unglücklich in der Schule bin. Ich habe gute Freunde, aber Mobbing ist ein großes Problem in meiner Schule und es gibt viele Schüler, die sehr gemein und unfreundlich sind.

04 **F1** Bevor ich Kinder hatte, habe ich als Sekretärin in Deutschland gearbeitet. Jetzt bin ich Lehrerin und das passt mir gut, wegen der langen Ferien. Eines Tages will ich eine Ausbildung als Rechtsanwältin machen.

05 **M1** Bald werde ich meine eigene Firma gründen, was super sein wird! Als Geschäftsmann habe ich gelernt, ein guter Chef zu sein und mit Kollegen effektiv zu arbeiten. Als ich jünger war, war ich Feuerwehrmann, aber es war zu gefährlich für mich.

06 **M1** Soziale Netzwerke gehen mir wirklich auf die Nerven. Die Fotos und Statusmeldungen sind so unrealistisch und junge Leute denken, dass sie im Vergleich ein langweiliges oder unglückliches Leben haben. Sie fühlen sich deshalb weniger selbstbewusst.

F1 Als ich jünger war, habe ich im Freien mit meinen Freunden gespielt – wir sind radgefahren, wir haben die frische Luft genossen … Jetzt verbringen handysüchtige Kinder zu viel Zeit vor dem Bildschirm und sie spielen stundenlang auf Apps.

M2 Ich liebe soziale Medien, aber ich weiß, dass das Leben online gefährlich sein kann. Man weiß nie, mit wem man spricht. Viele Nutzer können persönliche Daten und Bilder teilen und sehen, aber sie sind nicht immer gute Leute.

07 **F** Ich war neulich bei einem Konzert in Nürnberg und es war ein tolles Erlebnis, vor allem weil ich ganz vorne war und ich den perfekten Blick auf alle Musiker hatte. Ich musste sehr früh aufstehen, um einen guten Platz zu finden, aber es lohnte sich, denn vor dem Fest hatte ich die Gelegenheit, mit meiner Lieblingsgruppe zu chatten, als sie angekommen sind!

F Ich konnte keine Karten kaufen, denn die billigen Karten waren ausverkauft, und ich konnte mir die teueren Karten nicht leisten. Zum Glück arbeitet eine Freundin meiner Mutter beim Fest und hat ihr zwei Karten gegeben, die Mama mir für meinen letzten Geburtstag geschenkt hat.

08 **M** Ich weiß, dass alle Familien streiten, aber ich fühle mich immer so traurig, wenn es in meiner Familie Krach gibt. Mein Vater hat letzte Woche gesagt, dass ich wegen schlechter Noten meine Freundin nicht mehr sehen darf und seitdem haben wir nicht gesprochen.

M	Jetzt bin ich fast 16 Jahre alt und ich habe einen Teilzeitjob, also warum werde ich von meinen Eltern wie ein Kind behandelt? Mein Bruder kann machen, was er will, obwohl er jünger ist als ich – das ist so ungerecht. Wir sind keine guten Freunde, da ich ihn egoistisch und gemein finde.
M	Ich hoffe, dass meine Beziehung zu meinem Vater besser wird. Nächstes Wochenende fährt die ganze Familie in den Urlaub und ich freue mich trotz unserer Probleme sehr darauf. Ich liebe unsere Ferien zusammen, denn wir streiten nie. Vielleicht weil wir alle so entspannt sind?

09

F1	Man ist mit einem Handy immer erreichbar, und ich denke das ist nervig. Ich will nicht immer in Kontakt mit der ganzen Welt bleiben! Manchmal will ich einfach mich entspannen, ohne mein Handy immer anzugucken.
M1	Meine Freunde finden es ziemlich lustig, dass ich immer noch kein Smartphone habe, aber für mich ist es nicht wichtig, das neuste Modell zu haben. Mit meinem Handy kann ich simsen und anrufen und das reicht – es hat alles, was man braucht.
F2	Obwohl mein Handy mir auf die Nerven geht, wenn es immer klingelt, könnte ich ohne es nicht leben. Das heißt, dass ich handysüchtig bin, was ungesund sein kann. Ich habe neulich eine App heruntergeladen, die mir bei dieser Sucht helfen kann.
M2	Meine Eltern finden es viel sicherer, wenn ich mein Handy dabei habe. Sie haben nicht nur mein neues Handy gekauft, sondern sie zahlen auch meine Handyrechnung, und sie denken, dass man in der heutigen Welt immer erreichbar sein muss. Ich stimme zu!

10

F1	Es macht keinen Spaß, wenn man Schlafprobleme hat. Ich versuche immer, früh ins Bett zu gehen, aber wenn mein Wecker morgens klingelt, bin ich immer müde. Ich habe eine stressige Arbeit, und ich schreibe und schicke E-Mails, wenn ich im Bett bin – das hilft nicht!
M1	Als ich 14 war, habe ich angefangen zu rauchen. Zwei Monate später habe ich versucht, aufzuhören, aber ich hatte keinen Erfolg. Jetzt mache ich mir keine Sorgen darüber. Natürlich gibt es Gesundheitsrisiken, aber es fällt mir zu schwer, aufzugeben.
F2	Viele Frauen und Mädchen sind heute unter Druck von den Medien, dünn zu sein und abzunehmen. Wenn man übergewichtig ist, ist es ohne Zweifel gesundheitsschädlich, aber viele junge Leute sehen unrealistische Bilder. Es ist mir völlig egal, wieviel ich wiege.

11 **F** Ich freue mich sehr auf deinen Besuch! Ich wohne mit meiner Mutter und meinem Stiefvater in einem Doppelhaus in einem kleinen Dorf. Meine Gegend ist sehr hübsch und die Nachbarn sind alle ganz freundlich, aber es kann auch langweilig sein. Mein Vater wohnt in einem Bauernhaus zwanzig Kilometer von uns entfernt, also vielleicht besuchen wir ihn am Wochenende, denn alles ist dort so sauber und ruhig. Meine Schwester hat eine Wohnung in der Stadt, da sie an der Uni studiert, und ich besuche sie gern, da es so viel dort zu tun gibt, und es ist immer viel los.

12 **M** Es ist eine Kette von schlechten Ereignissen, die uns allen passieren könnte. Man verliert den Job, deshalb ist man pleite, deshalb kann man die Miete nicht bezahlen, deshalb muss man auf der Straße leben. Dann beginnt der Teufelskreis – man hat keinen festen Wohnsitz, deshalb kann man keine Arbeit finden, deshalb kann man kein Geld verdienen … Es gibt leider nicht genug Sozialwohnungen, allen Obdachlosen hier zu helfen, aber ich denke, jeder hat das Recht auf ein Zuhause. Was können wir tun?

13 **F** Stellen Sie sich vor, Sie sind im Regenwald. Sie sehen grüne Blätter, Sie riechen tropische Blumen, Sie fühlen die Sonne auf der Haut. Aber Lärm gibt es nicht – keine Vögel, keine Insekten. Immer mehr Tierarten sterben aus, und wir müssen sie retten.

   M Haben Sie genug zu essen? Haben Sie heute vor der Arbeit geduscht? Haben Sie Medikamente? Für viele Leute rund um die Welt stehen diese Sachen nicht zur Verfügung, denn es gibt einen Mangel an Wasser. Wir müssen aufhören, unser Wasser zu verschwenden.

   F Wir fliegen alle gern in Urlaub und wir verbringen gern zwei Wochen in einem heißen, sonnigen Land. Aber wenn die Temperaturen dank Klimawandel steigen, steigt auch der Meeresspiegel. Die Zukunft der Erde liegt in unseren Händen.

Section B   Questions and answers in **German**

14   **M**   Unsere Studie hat gezeigt, dass viele junge Leute Leseratten sind – 82% der Befragten verbringen gern Zeit mit einem guten Buch und einer Tasse Tee oder Kaffee – wie schön! Sie sind auch musikalisch – 72% haben gesagt, dass die Klavier oder Gitarre spielen. Kinobesuche sind nicht so beliebt, und zwar sehen nur 57% gern Filme auf der großen Leinwand. Sehen sie lieber Filme im Internet? Keine Ahnung, aber im Internet benutzen sie sicher super gern soziale Netzwerke, denn nur 5% haben keine Profile online. Stubenhocker sind diese Jugendlichen nicht – 66% sind aktiv, indem sie Sport ein- oder zweimal pro Woche machen.

15   **M1**   Ich will nicht immer ledig bleiben, deshalb will ich bestimmt heiraten. Es ist besser für die Kinder, wenn die Eltern verheiratet sind. Meine Eltern sind seit zwanzig Jahren zusammen und sie haben mir die Vorteile einer Ehe gezeigt.

    F1   Meiner Meinung nach ist die Liebe wichtiger als ein Blatt Papier. Ich finde die Ehe altmodisch und heute unnötig und meine Karriere hat Vorrang. Mein Freund hat versucht, mich zu überzeugen, aber das hat er nicht geschafft!

    M2   Ein modisches Kleid, schöne Blumen, lange Flitterwochen – lohnt es sich? Aus religiösen Gründen will ich heiraten und es ist mir sehr wichtig. Aber es scheint mir, dass es bei der Ehe für viele Leute um eine teuere Hochzeit geht, und das macht mich traurig.

16   **F**   Persönlich verbringe ich fast keine Zeit vor der Glotze, denn ich habe bessere Sachen zu tun, zum Beispiel Hausaufgaben oder Tanzstunden. Es ist wichtig, die Nachrichten zu sehen, um die Welt besser zu verstehen, aber das mache ich im Internet oder ich lese Zeitungen. Allerdings schwärme ich für Dokumentarfilme, weil sie so faszinierend sind, vor allem wenn sie sich um Geschichte oder Natur handeln. Meine Schwester geht gern ins Kino, aber ich finde die Karten sind nicht preiswert und es lohnt sich nicht.

[END OF TEST]

Notes

Notes

Notes

Notes

Acknowledgements

The authors and publisher are grateful to the copyright holders for permission to use quoted materials and images.

All images © Shutterstock.com

Every effort has been made to trace copyright holders and obtain their permission for the use of copyright material. The authors and publisher will gladly receive information enabling them to rectify any error or omission in subsequent editions. All facts are correct at time of going to press.

Published by Collins
An imprint of HarperCollinsPublishers Ltd
1 London Bridge Street
London SE1 9GF

© HarperCollinsPublishers Limited 2020

ISBN 9780008326784

Content first published 2018
This edition published 2020

10 9 8 7 6 5 4 3 2

British Library Cataloguing in Publication Data.

A CIP record of this book is available from the British Library.

Authored by: Amy Bates, Oliver Gray and Keely Laycock
Commissioning Editor: Kerry Ferguson
Project Manager and Editorial: Chantal Addy
Indexing: Simon Yapp
Cover Design: Sarah Duxbury and Kevin Robbins
Inside Concept Design: Sarah Duxbury and Paul Oates
Text Design and Layout: Jouve India Private Limited
Production: Lyndsey Rogers
Printed by CPI Group (UK) Ltd, Croydon CR0 4YY

MIX
Paper from
responsible source
FSC™ C007454

This book is produced from independently certified FSC™ paper to ensure responsible forest management.

For more information visit:
www.harpercollins.co.uk/green